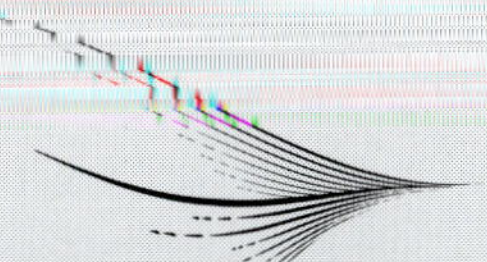

"一带一路"
建设理论与实践研究丛书

Theories and Practices
in Advancing the Belt and Road Initiative

主编 权衡
副主编 赵蓓文 胡晓鹏

"21世纪海上丝绸之路"与区域合作新机制

The 21st Century Maritime Silk Road
and New Mechanism of Regional Cooperation

姚勤华 胡晓鹏 等／著

谨以此书献礼上海社会科学院世界经济研究所建所40周年!

丛书编委会

主　编

权　衡

副主编

赵蓓文　胡晓鹏

顾　问

张幼文　徐明棋

编委（以姓氏笔画为序）

尤安山　孙立行　苏　宁　沈玉良　周　宇　黄烨菁

本书作者

本书针对21世纪海上丝绸之路的生成背景、基本内容进行了全景解析，在全面对比古今海上丝绸之路的基础上，重点围绕海上丝绸之路推进过程中的区域合作问题进行了由点及面的考察，内容涉及南亚、东南亚、西亚（中东）和欧盟等。

本书写作分工如下：

第一章　胡晓鹏、王世民

第二章　张天桂

第三章　周　琢

第四章　姚勤华、谢义俊

第五章　姜云飞

统　稿　姚勤华、胡晓鹏

总　序

中共十九大报告明确提出,“中国坚持对外开放的基本国策,坚持打开国门搞建设,积极促进‘一带一路’国际合作,努力实现政策沟通、设施联通、贸易畅通、资金融通、民心相通,打造国际合作新平台,增添共同发展新动力。加大对发展中国家特别是最不发达国家援助力度,促进缩小南北发展差距。中国支持多边贸易体制,促进自由贸易区建设,推动建设开放型世界经济”。报告还明确指出,“推动形成全面开放新格局”,强调“要以‘一带一路’建设为重点,坚持引进来和走出去并重,遵循共商共建共享原则,加强创新能力开放合作,形成陆海内外联动、东西双向互济的开放格局”。这一重大判断不仅进一步明确了中国继续对外开放的态度和信息,也进一步明确了“一带一路”建设的科学内涵、重大意义和实践路径。实际上,“一带一路”建设既对引领新型全球化发展、推动全球治理体系完善、加快中国全方位开放发展等具有十分重要的意义,也对促进世界经济理论、国际经济学和发展经济学理论创新和发展具有现实意义和重要启发。

“一带一路”建设与新型全球化发展

2008 年以来,世界经济总体复苏缓慢,全球结构性困境依然存在。特别是一些大国经济贸易政策调整,贸易保护主义进一步抬头,世界经济增长再次出现新的不确定性因素。笔者认为,从 2008 年的世界经济危机及其发展,到最近两年来出现的反对全球化、逆全球化思潮,其背后折射出的图景则是:上一轮经济全球化进程中,发达国家产业转移、资本转移等带来空心化、实体经济衰退、虚拟经济过热,进而引发发达国家内部出现诸多发展不平衡问题;另一方面,发展中国家和地区在参与全球化历史进程中，同样也是内部出现结构性失衡，且和发达国家之间也出现严重的结构性不平衡；全球化利益分配在一国内部以及不同国家之间均出现失衡。诸多失衡，本身表明以市场化机制推动的全球化的增长逻辑，虽然带来了全球经济发展和繁荣，但的确产生了很多弊端。客观来说，这种失衡及其再平衡本身也是经济全球化发展不平衡规律的必然结果。但是问题在于，2008 年的金融危机和随后的全球性经济危机，使得这种失衡和不平衡问题更加突出、更加严重；危机从外部冲击视角，进一步加剧了不平衡和失衡，也使人们把注意力逐渐转向反思全球化本身。特别是，经济全球化从传统的国际分工体系、产业分工体系逐渐转向全球价值链分工、产品内分工发展以后，不同国家、不同地区加入全球价值链的地位和角色不同；垂直化国际分工体系的位置、角色在本质上取决于一国的创新能力和竞争力，而非必然由传统要素禀赋和比较优势来决定。经济全球化内在机制发生的这种变化，既使得世界经济格局发生很大变化，也造成全球化发展进一步失衡。面对全球化发展失衡，需要通过改革和完善全球治理体系，为全球发展注入新的公共产品、发展动力、治理手段、治理规则。

在这种现实的困惑和背景下，中国提出“一带一路”建设，便是一个十分重要的选择和新的全球化发展机制，对于推动全球化再平衡、修复失衡以及促进完善全球治理，推动全球化朝着更加包容、平衡、普惠和开放的方向发展有很重要的现实意义，也为引领新型经济全球化提供了中国方案和中国智慧。“一带一路”倡议秉持包容性发展新理念，强调推动全球化更加包容和平衡发展。中国通过实施“一带一路”倡议，与世界各国共同发展和进步，推动一个更加包容和平衡的全球化新时代。无疑，“一带一路”倡议必将使国际资本流动和贸易增长加快，为世界经济增长和全球化朝着更加健康的目标发展提供重要的解决方案。正如习近平总书记说的，“以‘一带一路’建设为契机，开展跨国互联互通，提高贸易和投资合作水平，推动国际产能和装备制造合作，本质上是通过提高有效供给来催生新的需求，实现世界经济再平衡"；"特别是在当前世界经济持续低迷的情况下，如果能够使顺周期下形成的巨大产能和建设能力走出去，支持沿线国家推进工业化、现代化和提高基础设施水平的迫切需要，有利于稳定当前世界经济形势"。由此，可以看出，"一带一路"建设坚持开放发展理念，推动沿线国家地区相互开放发展，融开放于创新发展之中，实现开放与创新融合发展、联动发展，为加快创新世界经济增长方式，推动世界经济更加开放发展注入了新的动力和活力。[①]在笔者看来，与以往全球化发展和全球化治理机制不同，中国提出的"一带一路"建设，一是坚持合作共赢，只有合作共赢方可扭转传统全球化的利益失衡，也只有合作共赢，方可体现世界经济"相互依赖性"规律和趋势；二是坚持共商共建共享原则，体现了共商共建中的开放与平等的合作方式，因此克服了传统治理机制在事实上的不平等性。因此，"一带一路"建设不是"某一方的私家小路，而是大家携手前进的阳光大道"，真正体现了新型的全球公共产品新趋势和新特征。因此，面对世界经济复苏发展的不确定性和经济全球化进程的受阻，面对全球化发展再平衡和全球化治理体制机制的完善，中国提出的"一带一路"建设有助于推动和引领新型经济全球化，有助于推动世界经济更加包容、开放、普惠和平衡发展。

"一带一路"建设与中国全面开放发展

从中国国内改革开放与创新发展的时代要求来看，"一带一路"建设也是新时代中国开放经济发展升级转型的重要路径，是改革开放40年后中国对外开放再出发的必然选择。过去40年的发展，开放经济对中国发展的历史性变革产生了十分深刻和重大的影响。从四个特区试验到沿海沿边开放发展，再到保税区开放发展和自由贸易试验区建设，中国开放经济已经走过了40年的实践探索和创新发展。中国开放经济的

① 权衡：《"一带一路"开辟全球化新纪元》，《经济日报》，2017年5月13日，第8版。

创新发展不仅为世界经济做出了巨大贡献，也为中国经济自身的改革创新提供了重要动力和源泉。中国积极引进外资、学习国外先进技术和管理经验、开拓国际市场，逐渐与国际化、全球化发展的通行规则对接，有力地推动了国内体制机制改革与创新发展。开放型经济发展在中国改革创新发展40年的历史进程中发挥了十分重大的作用。

面对全球化发展的新阶段和新趋势，面对中国发展的新时代和新要求，中国开放经济亟待转型升级：一是中国要从国际经贸规则的遵守者向参与者、制定者转变，通过主动提出新议题、新方案，反映发展中国家新诉求，体现中国作为世界第二大经济体的应有地位和作用；二是要推动企业从低成本制造向提升产业核心竞争力转变，特别是随着劳动力资源供求结构和比较优势的变化，传统产业的低成本优势正在消失，依靠成本优势参与国际竞争的产业亟待向依靠创新、升级的新兴产业发展和转型；三是要从以要素参与国际分工向全方位参与价值链合作转变，顺应全球价值链分工体系变化、水平型分工向垂直型分工转变、比较优势向创新竞争优势转变等新趋势，推动中国产业升级创新，提高中国产业在全球价值链分工体系中的位置，实现从“中国制造”向“中国创造”“中国营销”“中国质量”“中国品牌”的转型；四是要从东部沿海引领开放向沿海、内陆、延边协同开放转变，推动构建陆海联动开放、东西互济发展的全面开放新格局，从而增强开放型经济的平衡性、协调性和可持续性。

“一带一路”建设正是从中国开放性经济发展进入新时代，面临新问题出发，引领中国开放经济升级转型、推动中国开放经济高质量发展的重大抉择。“一带一路”建设，有助于推动中国开放经济实现“引进来”与“走出去”，加快要素双向流动与开发战略升级转型；有利于推动对外投资发展，提高中国国际投资影响力，实现投资强国战略，提高中国国际经济地位；有利于扩大中国对外贸易发展，优化国际贸易结构，提高贸易竞争力，实现贸易强国战略；有利于推动人民币国际化发展，使中国成为金融强国，提升中国国际金融地位和影响力；也有利于中国东、中、西部区域经济开放联动，推动不同地区市场开放、规则对接和区域一体化发展，实现区域经济协调发展。"一带一路"建设把中国巨大的区域经济发展与周边地区和国家发展有效衔接，相互开放，有利于为中国发展创造更加有利的地缘政治和经济新格局。"一带一路"建设通过加速中国与国际经济的"联通"，将有效提升中国在国际规则中的话语权和影响力，有效推动国内产业转型升级，有效提升中国国际营商环境，有效提升中国企业参与国际分工的核心竞争力，进而推动中国开放型经济迈向更加高质量发展的新阶段。"一带一路"建设将引领中国对外开放走向更加公平开放、双向开放、全面开放的新发展格局，将推动中国开放型经济引领新一轮经济全球化发展。

"一带一路"建设与理论体系构建问题

"一带一路"建设既是一个重大的实践问题，也是一个重大的理论问题。相比较近几年"一带一路"建设的实践和取得的成效而言，目前关于"一带一路"建设的理论研究还是相对滞后。而且，现有的理论体系和理论准备还不足以支撑和满足"一带一路"建设的实践和要求。"一带一路"建设本身就是一个十分庞大的系统性工程，涉及的理论问题十分复杂，和许多学科都有关系。这就需要我们坚持理论创新的思维，从经济学、国际投资、贸易、金融、国际关系、国际政治经济学等许多学科和领域出发，深入系统地研究"一带一路"的理论体系问题。这应当包含两个方面的理论体系：一个是"一带一路"建设的经济学理论体系、国际经济学理论体系、世界经济和地缘政治理论依据、国际关系等理论体系和理论基础；另一个是"一带一路"建设对现有的国际经济学、发展经济学、世界经济理论、国际投资理论、国际贸易理论、国际金融理论、全球公共产品理论、国际体系与全球治理理论等各方面可能带来的创新和发展。这些都是"一带一路"理论体系研究方面需要思考的重大问题。

笔者认为，"一带一路"建设的研究至少要回答以下若干方面的重大

理论问题:

一是"一带一路"建设与传统比较优势理论及其拓展问题;

二是"一带一路"建设与国际分工理论体系拓展及全球价值链理论问题;

三是"一带一路"建设与国际贸易理论创新及其拓展问题;

四是"一带一路"建设与国际金融理论创新及其拓展问题;

五是"一带一路"建设与国际投资理论创新及其拓展问题;

六是"一带一路"建设与自由贸易试验区理论及其创新问题;

七是"一带一路"建设与国际投资贸易规则创新发展问题;

八是"一带一路"建设与发展中国家崛起及其与国际体系关系问题;

九是"一带一路"建设与全球公共产品理论及其创新问题;

十是"一带一路"建设与全球经济治理理论及其拓展问题;

十一是"一带一路"建设与全球地缘政治理论及其拓展问题;

十二是"一带一路"建设与新型经济全球化发展理论问题;

十三是"一带一路"建设与发展援助实践和理论问题;

十四是"一带一路"建设与构建人类命运共同体的关系及其理论问题;

十五是"一带一路"建设与中国经济和世界经济的关系及其理论创新问题;

十六是"一带一路"建设与政府和市场关系及其理论创新问题;

十七是"一带一路"建设与国际经济学前沿发展与创新问题;

十八是"一带一路"建设与发展经济学前沿发展与创新问题;等等。

以上只是初步考虑的一些关于"一带一路"建设的理论体系问题。应该说,随着实践的发展,"一带一路"建设还会有更多值得从理论上思考和探讨的问题。而且,这些理论问题不会是某一个单一学科或者理论,例如仅仅从国际贸易理论、国际投资理论、国际金融理论等进行简单分析。"一带一路"建设作为一个庞大的国际性系统工程,必然需要从多个学科甚至交叉学科和理论出发,需要跨学科的基础理论和应用理论来进行分析和解释。这个过程,既是深入思考和研究"一带一路"建设的过程,也是深入推动理论创新和发展的过程。在一定意义上可以说,"一带一路"建设和实践发展为丰富国际经济学、国际关系理论等重大学科和理论发展提供了宝贵资源和重大机会。"一带一路"建设不仅是中国对世界经济和政治的一个贡献和智慧,也必然是中国理论、中国思想对人类文明思想及其创新发展提供的一个绝佳机会。我们对此拭目以待,充满信心。

也正是带着对这些问题的思考,再加上2018年适逢中国改革开放40周年之喜,上海社会科学院世界经济研究所专门组织各研究室组建团队进行集体攻关。对于重大专题进行集体攻关研究,是世界经济研究所的一个优良传统。从2017年下半年开始,我们决定把2018年集体攻关的主题锁定为"一带一路"建设的理论和实践研究,并将整套丛书定名为"'一带一路'建设理论与实践研究丛书",发挥各研究室专长,分别从金融、贸易、投资、全球治理、大国合作等八个方面对"一带一路"建设的不同领域进行研究阐述,形成了《"一带一路"建设与中国开放型经济新阶段》《"一带一路"建设与沿线自由贸易区发展》《"一带一路"建设与中国企业对外直接投资新方向》《"一带一路"建设与人民币国际化新机遇》《"一带一路"倡议与中国参与全球治理新突破》《"一带一路"倡议与大国合作新发展》《"21世纪海上丝绸之路"建设与中国—东盟经贸新合作》《"21世纪海上丝绸之路"与区域合作新机制》几部专著。

现在将上述专著呈现给各位读者。我们期待这套丛书能够对于推动"一带一路"建设的实践和理论研究起到抛砖引玉的作用,共同为深化"一带一路"建设的实践和理论体系研究做出当代学者应有的贡献。

是为序。

上海社会科学院世界经济研究所所长、研究员　权衡

2018年5月4日于中央党校掠燕湖

目 录

第一章
前世今生:“21 世纪海上丝绸之路”与古代海上丝绸之路的比较

当今我们所说的海上丝绸之路特指“21 世纪海上丝绸之路”,是 2013 年 10 月习近平总书记访问东盟时提出的当代经贸合作新倡议。这个倡议充分体现了在推动世界经济合作与发展中的中国态度,是以和平合作、开放包容、互学互鉴、互利共赢为核心的新丝路精神的充分表达。那么,相对于历史上的海上丝绸之路,21 世纪海上丝绸之路具有怎样的特点呢? 这恰是本章要回答的问题。

第一节 古今“海上丝绸之路”概述

历史上的海上丝绸之路是指古代中国与世界其他地区以中国徐闻港、合浦港等港口为起点,从中国东南沿海,经过中南半岛和南海诸国,穿过印度洋,进入红海,抵达非洲,然后转入欧洲,进行经济文化交流交往的海上通道。这条海上丝绸之路成了世界性的贸易往来和文化交流的海上大通道,并推动了沿线各地区文明的交融与进步。简言之,它是在中国古代长期存在的、以丝绸贸易及与之相伴随的经贸与文化关系为象征的、亚欧非三洲之间的海上交通线。

一、背景分析

历史上海上丝绸之路的形成主要包括三个要因:一是“休养生息政策”使得社会稳定、经济良好运行,为海上丝绸之路的形成奠定了丰厚的物质基础，促成国内农业、纺织业的发展，较海外形成较大的比较优势，因此出现了商业的兴盛；二是造船和航海技术的发展，为海上丝绸之路的开辟提供了保障；三是陆上丝绸之路时断时续，这是海上丝绸之路形成与繁荣的重要原因。[①]总的说来，古代海上丝绸之路的形成是中国实现大一统后，政治、经济、文化等综合国力向外辐射、催生欧亚大陆不同地区进行远距离物质和文化交流的必然结果。

“21 世纪海上丝绸之路”是在风起云涌的全球贸易格局重组前提下提出的，是针对当前全球贸易发展中存在问题提出的应对思路。我们都知道，全球金融危机后，全球化贸易逐步转向区域化贸易，各国层出不穷的贸易壁垒越筑越高。中国在解决自身发展不平衡的问题时，深刻地意识到协同和共赢发展是根本出路，在解决国家间贸易问题时也是如此。近几年，中国中高速而稳定的经济增长成为世界经济发展中少有的亮点，面对经贸寒冬，中国并没有仅考虑自身利益而不顾及全球利益，而是积极协同其他国家共同破解新难题，由此提出了开放而多元的“21 世纪海上丝绸之路”。

二、航线和参与国

历史上的海上丝绸之路经过了逐步发展的漫长过程。西汉初年，汉武帝平南越后，即派使者沿着百越民间开辟的航线远航南海和印度洋，到达印度半岛南部的黄支国和已程不国（今斯里兰卡）后返航。汉武帝时期开辟的航线，标志着海上丝绸之路的发端。魏晋时期，海上丝绸之路自广州启航，经海南岛东面海域，直穿西沙群岛海面抵达南海诸国，再穿过马六甲海峡，直驶印度洋、红海、波斯湾。唐朝时期，在已有路线上进一步开拓，抵印度南部后，沿半岛西岸北上，再沿海岸线西行直达波斯湾，从波斯湾沿阿拉伯半岛西南行可到非洲东岸。宋朝

---

① 陈达森：《“海上丝绸之路”的形成及其历史价值》，《黑龙江史志》，2014(24)，第 38—39 页。

时期，海上丝绸之路的规模、影响空前，经中国南海、波斯湾、红海，前往阿拉伯世界及亚非其他国家，主要港口为交趾、占城、真腊、蒲甘、勃泥、三佛齐、大食、层拔等。元朝是中国历史上官方鼓励海外贸易发展的鼎盛时期，波斯(伊朗)当时在中国与欧洲陆上和海上丝绸贸易中起着重要的中转枢纽作用，经红海、苏伊士地峡、地中海辐射欧洲的贸易航线仍然不是很发达。1405 年至 1433 年的郑和七下西洋，最远到达非洲东岸和红海沿岸的港口，把海上丝绸之路的发展推向一个高潮，而明朝海上丝绸之路发展的另一个高潮是开辟了从南海出发经菲律宾马尼拉最终到墨西哥的南美航线。清朝从海禁、解禁并最终走向闭关锁国的发展历程，见证了海上丝绸之路的凋零和陆上丝绸之路的没落。①

综合历代的发展历程来看，历史上海上丝绸之路的航线主要有三条：第一条是东洋航线，由中国沿海港口至朝鲜、日本，第二条是南洋航线，由中国沿海港口至东南亚诸国；第三条是西洋航线，由中国沿海港口至南亚、阿拉伯和东非沿海诸国。②坦率地讲，历史上海上丝绸之路主要以帆船作为交通工具，而古时帆船以季风为主要动力，容易受自然条件的影响，因此航线、到达港口有限，但现代船舶以柴油为动力，便可摆脱自然条件的束缚，通达世界各个港口。

"21 世纪海上丝绸之路"，传承了古代海上丝绸之路的航线，依托东洋航线、南洋航线、西洋航线，抵达五大洲、四大洋的各个港口，编织起国际贸易网络。与此同时，"21 世纪海上丝绸之路"的参与国家，基于但不限于古代海上丝绸之路的范围，各国和国际、地区组织均可参与，共建成果惠及更广泛的区域。

---

① 陕西省物流与采购联合会国际陆港工作专业委员会：《古今丝绸之路线路示意图》"简介"，2015 年 4 月 21 日。

② 《海上丝绸之路》，中国丝绸网，2015 年 6 月 4 日。

根据《推动共建丝绸之路经济带和21世纪海上丝绸之路的愿景与行动》①(以下或简称《愿景与行动》),“21世纪海上丝绸之路重点方向是从中国沿海港口过南海到印度洋,延伸至欧洲;从中国沿海港口过南海到南太平洋”。中国同东盟已经达成战略合作伙伴关系,而且东盟地处海上丝绸之路的十字路口,是“21世纪海上丝绸之路”的必经之地。但是,我们的战略合作伙伴并不仅限于东盟,而是以点带线,以线带面,串起连通东盟、南亚、西亚、北非、欧洲及大洋洲等各大经济板块的市场链,发展面向南海、太平洋和印度洋的合作经济带,形成以亚欧非经济贸易一体化为发展目的的长期目标。

综合而言,由于科技进步、经济发展、观念升级等多方面的客观因素,“21世纪海上丝绸之路”的覆盖范围更广,贸易伙伴、贸易内容与贸易制度等方面都远超古代海上丝绸之路。

三、沿线港口作用

我们注意到,历史上海上丝绸之路受到沿线港口的影响深远,沿线港口的发展也对古代海上丝绸之路产生了积极的影响。首先,古代海上丝绸之路促进了沿线港口贸易的发展和贸易制度的产生。唐朝设置市舶使,宋代将其拓展为市舶司,而元朝制定了《市舶抽分杂禁》,这是现存最早的一部完整的市舶法规。②制度的形成使得海外贸易发展更趋良性。其次,贸易的进步也使得沿线港口的规模与产业得到扩张,外商向各大港口云集为海上丝绸之路的扩展提供条件,而由此形成的海外商人聚居区则为贸易往来带来便利。再次,古代海上丝绸之路的贸易繁盛促进了沿线港口生产技能的提升。从需求方面看,海外市场的开拓激发了国内生产者的效率升级与生产规模扩大。从供给方面说,海外新材料和

① 国家发展改革委、外交部、商务部:《推动共建丝绸之路经济带和21世纪海上丝绸之路的愿景与行动》,2015年3月。

② 王爱虎:《从海上丝绸之路的发展史和文献研究看新海上丝绸之路建设的价值和意义》,《华南理工大学学报(社会科学版)》,2015(01),第1—14页。

新技术的引进也为当时的中国手工制造业带来了发展上的创新。当然，也要看到，由于交通工具和技术等限制，古代海上丝绸之路中心城市对周边城市和地区的综合影响力以及对周边城市和地区的发展带动作用较小，即城市能力的辐射范围有限。

与此相比，“21 世纪海上丝绸之路”已经规划并将拥有畅通的现代经贸和物流网络，这将大幅度降低产业分工与合作成本，更易形成以产业园区为载体的合作机制，沿线港口贸易的互动，也会极大地促进产业园与运输通道的相互结合，分布式的港口“小产业园区”经由海上通道构成了一个“大产业园区”，使得沿线港口获得了全新的定位，更有效率地带动了沿线产业的形成和完善。可以预期，“21 世纪的海上丝绸之路”最终将演变成为沿途国家发展的经济走廊，为中国以及世界经济的持续发展注入新的活力。

四、功能定位

毋庸置疑，古今海上丝绸之路都是以商贸互利为基础，不仅是沿线各国在物质上互通有无的“商贸之路”，也是各国文明交流的“文化交流之路”，还是中外国家友好往来的“和平对话之路”。

从商贸角度来看，中国是东方文明古国，中国产品历来在国际市场上很受欢迎。经由海上丝绸之路进行的东西方贸易，其进出口商品结构因时而变。唐代以前，中国出口的商品主要是丝绸和黄金。进口的商品主要是香料、珠玑、翠羽、犀角、象牙、玳瑁、琉璃、玛瑙及各种宝石等奢侈品。[①]唐代以后，陶瓷受到海外市场青睐，成为丝绸之外另一种主要的输出商品。明末，茶叶传入欧洲，成为中国最大宗的出口商品。进口商品除了传统的南洋诸地土特产外，增加了西洋货物如毛织品、棉织品、钟表、香水、皮毛、金属等。[②]东西方各国正是通过海上丝绸之路等渠道

---

① 薛晓明：《我国海上文化线路的价值及其保护》，《中国海洋报》，2015 年 12 月 7 日(003)。

② 杨芹：《“海上丝绸之路”的由来及其作用》，《南方日报》，2013 年 12 月 30 日(A02)。

进行经贸交往,丰富彼此间的经济生活,分享人类创造的物质文明。

从文化交流角度来说,中国的纺织、造纸、印刷、火药、指南针、制瓷等工艺技术,绘画等艺术手法,通过海上丝绸之路传播到海外,在中国周边国家和地区产生了重要影响,对近代西方各国发展也产生了一定程度的影响。与此同时,西方的音乐、舞蹈、绘画、雕塑、建筑等艺术,天文、历算、医药等科技知识,也通过海路传入中国。

更为重要的是,古代海上丝绸之路还是东西方友好交往的重要通道。这条道路开辟了“中国文明影响世界、维系对外友好关系”的重要途径。南海诸国派遣使节,经由海上丝绸之路前来中国。唐朝以后,历代王朝在广州等港口设置市舶使(司)主管海路邦交外贸,设立馆驿接待外国使节。[①]承担外交事务、主管海外贸易成为沿海地区官员的一项重要职能。

今天,“21 世纪海上丝绸之路”倡导“政策沟通、道路联通、贸易畅通、货币流通、民心相通”,这也是鼓励全方位合作交流。从贸易方面说,合作制度较历史上的海上丝绸之路显著升级,“21 世纪海上丝绸之路”通过建立完善双边联合工作机制,强化多边合作机制作用,建立更为复杂但可靠多元的合作机制,为经济运行提供多重动力与保障。从友好关系方面说,新时期中国与沿线国家,尤其是东盟国家建立了更为牢固的友好关系。从 1991 年双方建立对话关系,特别是 2003 年建立战略伙伴关系以来,双方关系走过了不平凡的历程,成为睦邻友好合作的典范。[②]从文化交流方面说,中国一直坚持和弘扬和平共处五项原则,搁置争议、增进共识、合作共赢,推动构建和平稳定、繁荣共进的周边环境,为文化交流提供稳定基础。

还应该看到,“21 世纪海上丝绸之路”对构建和平稳定的周边环境

---

① 胡译匀:《海丝之路的历史渊源与现代发展》,《农村经济与科技》,2016(05),第 101, 102, 109 页。

② 张高丽:《携手共建 21 世纪海上丝绸之路 共创中国—东盟友好合作美好未来》,《人民日报》,2014 年 9 月 17 日(004)。

有积极作用，中国倡导的丝绸之路以合作共赢为核心，旨在为周边国家带来新的经济发展动力，以促进沿线国家共同繁荣；反过来，沿线国家经济的发展势必促进其社会稳定，也为中国发展提供了稳定的周边发展环境。

五、精神传承

回顾历史，中国同海上丝绸之路沿线国家，尤其是东南亚国家的关系，除了国家层面的地缘政治、国际关系之外，南海沿岸省区与周边国家民间层面更存在着流淌不息的海洋经济社会联系。唐宋以来，不断有濒海民众穿越海洋，在南海异国他乡谋生致富。近现代粤籍华侨遍布世界各地，其中在东南亚更是华侨居多。他们吃苦耐劳，精明能干，与其他地区的华侨一起，为南洋开发做出巨大贡献。华侨在东南亚形成了一些跨国界的、多民族所共有的特殊"亲情"和文化理念。

中国发布的《推动共建丝绸之路经济带和21世纪海上丝绸之路的愿景与行动》则明确展现出，中国倡议的"21世纪海上丝绸之路"，传承的是"丝绸之路"的文化内涵，展现的是中国追求和平、友谊、交往、繁荣的愿景，并不是仅仅再现古代"丝绸之路"的经贸航线。海上丝绸之路作为海洋文化遗产，充分展示并证明了历代中国人民是爱好和平的，通过平等交流、互通有无、互利互惠而达到双赢。由此可见，"21世纪海上丝绸之路"含义中更多的是文化符号，蕴含更多的是"丝绸之路"精神，展现更多的是负责任的、可信赖的大国风范。

总的来说，古代海上丝绸之路的建设不论是民间自发还是官方鼓励，都更为关注自身经济利益。"21世纪海上丝绸之路"则是着眼当下共同的发展需求，通过对沿线国家的基础设施投资，给沿线国家经济带来更多的发展实惠，以帮助应对甚至解决当前经济发展困境，从而通过协同效应形成共赢发展的效果。与此同时，中国还在进一步努力加强与广大新兴经济体之间潜在的互补互利机会，通过运用资金、市场、产能等方面的独特优势协助其他国家弥补发展短板。由此可见,“21世纪的海上丝绸之路”不是中国单纯地为了实现自身利益目标,而是要与沿线国家分享发展机遇,一同寻求经济发展机遇,最终建立人类命运共同体。

第二节 古今海上丝绸之路与全球化

一、互利共赢的全球化

古代海上丝绸之路是古代中国全球化的重要体现。先民对于探索全新地理疆域的好奇,对文明交流的愿望,以及对经贸利益的追逐,使得华夏文明对于周边地区的影响与辐射力并没有因海洋的浩瀚而受到阻遏。

唐太宗贞观二十一年(647),有19个国家的使节同时到达长安,前来朝贡的“四夷之国”有70多个,其盛景可谓壮观。唐州刺史达奚弘通,在其撰写的《西南海诸番行纪》中,自称经36国,经赤土(今苏门答腊至马来半岛)至虔那,被后世疑为曾到过阿拉伯半岛南部。在此后的148年中,进入长安的大食使节多达41批,天宝十一年(752)十二月,黑衣大食(阿拔斯王朝)在取代伍迈叶王朝后,遣使参见,被唐玄宗特意授以左金吾员外大将军的勋位。可见唐代的对外开放性,在当时的世界,几乎举世无双。[①]由此可见,古代海上丝绸之路航线的开辟与扩展,使得沿线各地的联系不断增强,在政治、经济贸易、宗教与文化上的交融不断加深,形成了一条借由输出丝绸、瓷器和茶叶来赚取大量外汇的繁茂的海上通道。这可以说是早期全球化的开端。

回眸当下,2008年美国全球金融危机引发世界经济衰退,“逆全球化”趋势在全球范围蔓延。经济发展史表明:金融危机的爆发,必然伴随着国际贸易保护主义的抬头。很多国家为缓解贸易逆差,或是平衡预

① 朱步冲:《海上丝绸之路:古典全球化时代》,《三联生活周刊》,2015年第30期。

算赤字,或屈于国内政治压力,颁布实施一系列带有歧视性的贸易保护政策。必须强调,经济孤立主义仅仅在短期内使得经济数据看似有所好转,但互相对抗的贸易政策不利于经济回暖,甚至还会升级成贸易战,损害世界贸易规则,治标不治本,长期有害无益。世界银行前行长罗伯特·佐利克曾表示,保护主义对发展中国家来说产生了更为特殊的危害,尤其是那些财政地位脆弱的国家和那些出口严重依赖于一小部分产品的国家。[①]例如,服装构成了孟加拉国和柬埔寨出口的 3/4 还多。因此即使当全球经济开始复苏时,阻止发展中国家从经济恢复中获益的保护主义行动仍将使它们所遭受的痛苦延长。

金融危机后,以新型贸易保护主义为主要特征的“逆全球化”趋势蔓延,对发展中经济体的危害更是加剧。与此同时,金融危机后发达国家和发展中国家的回暖程度出现分化,最终引起发达经济体在世界经济中的地位和影响力不断下降,而新兴和发展中经济体在世界经济中的地位和影响力逐步上升。在此过程中,中国经济在全球中的作用开始凸显。中国有能力也有意愿秉承“丝绸之路”精神,克服贸易保护主义下的“逆全球化”倾向,主动同世界各国分享发展经验,开创合作共赢新模式,建设和谐共存大家庭,全力推动互利共赢的全球化。

二、贸易受阻的全球化

在中古世纪,中国人就经由海上丝绸之路,与西方通商贸易,输出丝绸和茶叶来换取所需物品和贵金属,人们由此贸易交往而产生了初始国际化的概念。宋元时期,泉州港被誉为“东方第一大港”,其“苍官影里三洲路,涨海声中万国商”的景象,足以显示当时海上丝绸之路的贸易规模与影响。泉州的盛景表明,历史上的海上丝绸之路是古代的全球化,并且在很长一段时间,跨国、跨地区的贸易推动了持续不断的古代

---

① 新华网,《佐利克称应对全球经济挑战符合各方共同利益》,http://news.xinhuanet.com/world/2011-09/22/c_122075617.htm, 2011 年 9 月 22 日。

全球化进程。

现在，全球贸易增长速度一直维持在全球GDP增速的两倍或以上。金融危机过后，世界经济放缓，贸易保护接踵而至，全球经贸增长动力不足，速度开始下探。WTO发布的《世界贸易统计数据》显示，2015年全球贸易总量增长为2.7%，与全球GDP增速2.4%基本持平，同时预测2016年全球贸易增速将与2015年持平，这是全球贸易增速连续第五年低于3%。由此可见，从全球贸易和投资作为推进全球化的手段来看，当贸易对全球化的推进效果不那么明显之时，有必要加大国际投资以促进国际贸易，这样国际投资的作用将越来越大。“21世纪海上丝绸之路”倡议正是在这样一个背景下诞生的。

根据国家海洋局的数据，近10年，中国与“21世纪海上丝绸之路”沿线国家的贸易额年均增长18.2%，占中国对外贸易总额的比重从14.6%提高到20%，海洋经济“走出去”迈上新台阶。中国企业对海上丝绸之路沿线国家的直接投资额从2.4亿美元扩大到92.7亿美元，年均增长44%。中国与沿线国家的投资增长远大于贸易额的增长，国际投资在当今环境下拉动经济的能力逐渐受到重视，且其在全球化进程中的作用越来越显著。

三、开放包容的全球化

帆樯林立、商贾云集、舳舻相接、海船起锚、千帆竞发、波澜壮阔，再华丽的辞藻也无法穷极先辈的盛况。每每想到如此盛景，便会联想到壮怀激烈，意气风发的民族形象。历代中华先民用勤劳与才智勾画了中国古代的全球化梦想。而如今，随着“21世纪海上丝绸之路”的提出，我们也将躬逢其盛。

反思现代，西方主导的全球治理体系中，各个经济体地位很不平等。发展中经济体被严重边缘化，比如说多哈回合，发达国家和发展中国家在农业和非农产品市场准入方面的巨大分歧导致框架内的谈判异常艰难,始终无法达成一致。虽说跨太平洋伙伴关系协定(TPP)也是开放的,其一开始就是一个面向亚太地区、随时准备吸收新成员的自贸协定。但是 TPP 有一个更重要的特征是高标准、高质量的条件约束,其表现出的排他性是十分明显的。现行贸易政策很难契合发展中国家的国情,而这种矛盾导致贸易壁垒,形成了一个不平衡、不对等的"全球化"。

"21 世纪海上丝绸之路"继承了中华民族历史上的"全球化"精神,旨在打造一个平衡而平等的"全球化"。"全球化"很重要的一点就是开放性,开放性即其经济合作的非排他性和非地缘政治倾向性,具有较为明显的国际和地区公共产品性质,这也是其他地区合作机制如 TPP 所不具备的。与其他合作机制相比较,"21 世纪海上丝绸之路"合作是开放的,而且中国提出的丝绸之路建设的开放性程度是其他合作平台所不具有的。其特征表现为吸收所有愿意参与的国家,无论大小、强弱都是平等的建设者,共同商议、共同建设、共享受益,不搞排他性安排,不限国别范围,不搞封闭机制。而且,"21 世纪海上丝绸之路"合作的主体是多元的。中国是"一带一路"倡议的发起者、丝绸之路理念的阐述者,当然是这一公共产品的相关成本的提供者,但是,中国并不寻求丝绸之路的主导权,丝绸之路是参与国的利益共享平台,需要参与国共同推动。

四、友好合作的全球化

在中国古代,海上丝绸之路代表的是以繁忙而和平的丝绸贸易为特征、跨地区的中外海上交通线,是古代中国与沿线国家,尤其是南亚、东南亚各国和平友好往来的见证,反映出即便中国处于历史上的强大时期也愿意与周边国家和睦相处,注重平等交往,与欧洲殖民主义利用其工业技术、经济与政治制度上的优势来与各国交往的做法完全不同。

今天提出的建设"21 世纪海上丝绸之路"包含了更深刻的意义和更丰富的内容。从合作伙伴关系上看,东南亚地区自古以来就是海上丝绸之路的重要区域,中国在《愿景与行动》中表达了同东盟国家加强海上合作的和平愿望,同时中国政府设立了中国—东盟海上合作基金,也期望发展并深化同东南亚国家的海洋合作伙伴关系,共同建设“21世纪海上丝绸之路”,推动全方位开放格局的形成和完善。从地域格局的特点看,改革开放以后,中国的经贸关系发展迅速,中国已经同世界上240多个国家和地区建立了经贸关系,其中来华投资的国家和地区的数量超过190个,我们对外投资的目标国和地区接近180个,现在已经与18个国家签署或正在商签自由贸易协定。[①]经贸关系拓展的深度和广度都达到了历史的最高水平。

从中国40年的改革开放历程来看,中国的对外经贸关系格局虽然从亚洲在向全球最广泛的区域拓展,但是以亚洲国家为主体的格局仍然没有发生根本性改变。同时,中国周边外交理念由“睦邻、安邻、富邻”提升到内涵更为丰富的“亲、诚、惠、容”,也显露出中国对周边国家和平友好关系的重视程度,这必然要求中国加大对周边国家发展的关注,要求更加奋发有为地为全面推进周边外交工作而努力。而“一带一路”首先是打开东北亚、东南亚、南亚、中亚等中国周边地区之门,因此,周边沿海国家在“21世纪海上丝绸之路”建设中占有非常重要的地位,保持并弘扬同周边海洋国家的友好关系,在共建“21世纪海上丝绸之路”中具有非凡的意义。

第三节 “21世纪海上丝绸之路”中的中国角色

一、承载中国智慧与大国责任

在2015年世界经济复苏乏力、势头分化的不利情势下,国家统计局数据显示:中国经济依然保持中高速增长,对世界经济增长贡献率超过25%,承担着拉动全球经济增长的重任。同时,中国作为一个对亚洲经

① 张威:《从经贸的角度看21世纪海上丝绸之路》,http://www.rmzxb.com.cn/c/2014-07-29/356447.shtml,2014年7月29日。

济增长贡献率超过 50%的经济体,保持中高速增长对地区经济发展前景产生了积极的正能量。

不仅如此,中国还是一个和平、合作、负责任的大国。中国与世界的经济合作具有明显的异质性与外部性,异质性是经济合作的必要基础,正的外部性激发经济合作动力。世界经济的发展已不是零和博弈,它也有悖于中国自身的利益,而且了解中国文化的人都清楚,中国的思维不是霸权主义而是兼济天下。中国要实现中华民族伟大复兴的中国梦,不单有利于中国自身经济发展稳定,也有利于为世界经济带来复苏与繁荣。作为一个有担当的大国,中国近年来大力推广新能源经济,在气候变化问题上承担起了作为大国的责任。伴随着中国快速发展而产生的中国威胁论以及美国亚太再平衡政策表现出的对中国崛起的警惕,则是完全没有根据,也是完全没有必要的。

中国自古以来就深知和平可贵。古时郑和七下西洋,无论沿途国家大小,均采取普遍平等的公平政策进行商贸交易与文化往来,从未以强凌弱。今天,随着中国综合国力的逐步提升,中国提出"人类命运共同体"思想,选择与国际社会合作,通过丝绸之路建设为世界经济发展提供中国智慧,这是大国责任的体现,也必将为世界人民带来福祉。

二、对世界经济发展作用不可替代

周边国家的进口需求快速上升、需求结构快速变化。中国同东南亚航线国家的贸易额最大,近年来其进口需求波动上升;而 21 世纪以来南亚及波斯湾航线国家经济的快速发展,南亚及波斯湾航线国家进口需求也进入上升周期;红海湾及印度洋西岸航线国家进口需求相对较小,近几年进口需求波动较大,但总体呈增长态势。近年来,沿线国家的资源密集型产品进口增长速率最快,资本密集型产品与技术密集型产品次之。而目前来看,中国资源密集型产品仍是一大出口项目,同时随着中国科技显著进步,资本密集型产品与技术密集型产品在国际市场上也具有不可小觑的地位。

中国—东盟自由贸易区、亚太自由贸易区[①]、中国同海合会成员国的自由贸易协定等正在加紧谈判，以期进一步加强双边合作，提升贸易投资质量。这些区域性多边机制的策划与“21 世纪海上丝绸之路”构成了并行不悖而且相互协调的合作机制。同时，金融先行为经济发展提供源源不断的动力。中国倡导建立了亚洲基础设施投资银行、金砖国家银行、丝绸之路基金等推进“一带一路”建设的融资机构，对周边国家的基础设施进行投资，为沿线国家创造了绝佳的发展机遇。

三、中国的独特优势

“21 世纪海上丝绸之路”建设中，中国与沿线许多国家，尤其是与东南亚诸国具有较强的贸易互补性。贸易互补性指数用于衡量贸易的互补程度和贸易关系的紧密程度，该指数考虑了双边国家出口比较优势和进口比较劣势两方面因素。中国集中出口的产品结构与沿线国家集中进口的产品结构吻合，沿线国家集中出口的产品结构与中国集中进口的产品结构也吻合，这说明中国与沿线国家的贸易具有互补性。如果两国的贸易具有互补性，通过消除贸易壁垒与实现规模化生产可以给贸易双方带来较大的利益。

中国与周边国家贸易联系日加紧密。中国国家主席习近平在博鳌亚洲论坛 2013 年年会开幕大会上表示，21 世纪以来，中国同周边国家贸易额由 1 000 多亿美元增至 1.3 万亿美元，已成为诸多周边国家的最大贸易伙伴、最大出口市场、重要投资来源地。2015 年，中国对海上丝绸之路沿线国家的进出口总额分别为 4 147.14 亿美元、4 714.03 亿美元，占中国进出口总额的 25%、21%。[②]中国与东盟的贸易合作便是很

① 新华社，《中国—东盟自由贸易区将于 2010 年 1 月 1 日全面启动》，http://www.gov.cn/jrzg/2009-12/29/content_1498999.htm，2009 年 12 月 2 日。

② 夏维华：《二十一世纪海上丝绸之路沿线国家进口需求变化与中国的战略优势》，《对外经贸实务》，2016(06)，第 17—20 页。

好的例子,目前,中国是东盟第一大贸易伙伴,而东盟是我们的第三大贸易伙伴。中国与东盟贸易规模不断扩大,基础设施建设合作迅速发展。2015 年中国和东盟各方签署的自贸协定升级《议定书》正式生效,进一步提高了贸易便利化水平。

第二章
开放包容:"21 世纪海上丝绸之路"与东南亚的区域合作

东南亚是共建"21 世纪海上丝绸之路"的优先地区,习近平主席正是在 2013 年 10 月出访东南亚国家期间于印度尼西亚提出共建"21 世纪海上丝绸之路"的倡议。作为区域外大国利益集中之地,东南亚区域经济一体化的进程始终与地区的政治及安全领域的合作、区域内外大国的博弈紧密相连。"21 世纪海上丝绸之路"建设的顺利推进,尤其需要统筹考虑政治、安全、经济因素,在沿线的东南亚国家中构建相应的战略支点,充分发挥"以点带线、以线带面"的示范作用和腹地效应。

第一节　东南亚区域经济一体化的进展情况与特点

东盟是亚洲地区经济合作的先行者。东盟自身内部经济一体化与区域经济一体化、世界经济一体化相辅相成、互为促进。就目前而言,正是在东盟的主导下,东南亚区域经济一体化已形成以其为轮轴的相对复杂的自由贸易协定(FTA)网络。不仅有东盟分别与东北亚的中、日、韩和泛东亚的印度、澳大利亚—新西兰构建的 5 个"10＋1"FTA 及其升级版,还包括纳入上述六国、已超出纯粹东亚地理范畴,覆盖更广、正在进行谈判的区域全面经济伙伴关系(RCEP)("10＋6")。除此以外,"10＋3"作为东亚区域经济合作的主渠道,近 20 年来始终通过领导人会议对区域内的功能性合作发挥着积极的促进作用。

一、东盟

成立于 1967 年的东盟对东亚区域经济合作具有公认的主导权。除增强综合经济实力、提升国际竞争力的内在动因之外，无论东盟 FTA，还是东盟经济共同体的启动，抑或随后各自推进过程中的不断加速，均更多的是迫于国际环境变化所形成的外部压力。也正因如此，东盟经济一体化的发展相对漫长，但其事关东盟的凝聚力与活力，所具有的重要意义无需赘言。

1. 东盟经济一体化的启动及现实进展

东盟内部区域经济一体化，有一个从特惠贸易制度到 FTA 再到经济共同体的逐步提升过程。1977 年，《东盟特惠贸易安排协定》的签署拉开了东盟内部区域经济一体化的帷幕。1992 年，东盟首脑会议通过《加强经济合作框架协定》并签署《共同有效优惠关税协定》，决定设立东盟 FTA；1993 年，构建东盟 FTA 的进程正式启动。2003 年，《东盟协调一致第二宣言》明确 2020 年建立东盟共同体；而经济共同体不仅是东盟共同体的三大支柱之一，还是其毋庸置疑的核心与基础，2007 年的《东盟经济共同体蓝图》意味着东盟内部的区域经济一体化开始加速向更高层次迈进。2015 年 12 月 31 日，东盟共同体提前五年宣布建成。东盟整体及其老六国、新四国在 2014 年的货物贸易关税已分别降至 0.54%、0.04%、1.33%，2015 年的零关税税目分别达到 96%、99.2%、90.8%。①

需要强调的是，正如东盟秘书长和各成员国领导人所不断重申的，东盟共同体在 2015 年的建成对东盟而言只是阶段性目标的实现和走向成熟的开始，而绝非建设过程的结束。事实上，截至 2015 年 10 月 31 日，《东盟经济共同体蓝图》中的 506 项措施仅有 469 项即 92.7%得到

① ASEAN Secretariat, *ASEAN Integration Report 2015*, Jakarta: ASEAN Secretariat, November 2015, p.9.

完全落实;[1]距离真正实现区域内货物、服务、资本和劳动力等生产要素的自由流动仍有相当漫长的路要走。也正因如此,2015 年 11 月第 27 次东盟峰会在发布《2015 年建成东盟共同体吉隆坡宣言》的同时,通过东盟共同体未来发展路线图《东盟 2025:携手前行》和《东盟经济共同体蓝图 2025》,进一步明确了今后 10 年东盟经济共同体建设的五大支柱——“高度一体化和有凝聚力的经济”“加强互联互通和部门合作”与“富有竞争力、创新性和活力”“更富弹性、包容性和以人为本、为中心”“全球化”的东盟。[2]

2. 东盟经济一体化的主要特点及现实问题

“东盟方式”是东盟推进经济一体化最为重要的特点,即坚持尊重主权和平等、互不干涉内政、协商一致的原则,强调成员国之间经济发展的差异性并照顾各自的特殊性,开放、包容,以成员国均感“舒适”的灵活方式逐步推进区域经济合作。虽然 2008 年生效的《东盟宪章》已赋予东盟法律人格,但东盟的经济一体化依然不同于欧盟的超国家机构和对成员国的硬性约束。《东盟宪章》明确指出,东盟经济共同体的目标是“建立……单一市场和生产基地”,有效协调货物、服务、投资、劳动力及资本等生产要素在区域内的自由流动。[3]

东盟经济一体化的现实问题,除通常所强调的成员国政治文化宗教的多样性和经济发展的差异性外,还包括成员国经济结构的相似和对外部经济的依赖。东盟的区域内贸易占比近年来一直徘徊在 24%,2015 年区域内投资占比也仅为 18.5%,与欧盟、北美 FTA 不可同日而语。其不但影响东盟区域经济一体化总体效应的释放,而且不利于对东盟来讲至关重要的向心力和凝聚力的提升。随着东盟经济共同体建设的进

① ASEAN Secretariat, *ASEAN Economic Community 2015: Progress and Key Achievements*, Jakarta: ASEAN Secretariat, November 2015, p.9.

② ASEAN Secretariat, *ASEAN Economic Community Blueprint 2025*, Jakarta: ASEAN Secretariat, November 2015, p.1.

③ ASEAN, *The ASEAN Charter*, Jakarta: ASEAN Secretariat, January 2008, p.4.

一步推进,内部市场的相对狭小和基础设施互联互通的相对滞后对经济一体化的阻碍作用日益突出。东盟早在 2009 年就专门发布《东盟互联互通领导人声明》,并于 2010 年、2016 年相继推出《东盟互联互通总体规划》和《东盟互联互通总体规划 2025》,而《东盟经济共同体蓝图 2025》更是将"加强互联互通和部门合作"作为五大支柱之一。不过,成员国自行签订的双边 FTA、美国主导签署的 TPP 及美国新任总统特朗普宣布正式退出 TPP 后转而注重更为"公平"的双边贸易协定谈判对东盟整体的分化和对"东盟方式"的运作效率的影响,是东盟推进经济一体化不得不注意的现实问题。

二、区域全面经济伙伴关系

较之于 2009 年因美国加入而全面启动、2015 年 10 月结束谈判、2016 年 2 月签署的 TPP,本就起步晚的"区域全面经济伙伴关系"(RCEP)先是未能面对 TPP 已达成的重压按照预期在 2015 年底结束实质性谈判,后又没能把握美国总统大选所带来的 TPP 生效不确定性增加的机遇在 2016 年底达成最终的共识。这也从一个侧面反映出看似已拥有五个"10＋1"广泛合作基础的 RCEP,其利益博弈的复杂程度要远远大于整合现有五个 FTA。

1. RCEP 谈判的启动及现实进展

2011 年东盟峰会明确,由其主导与 FTA 伙伴构建"区域全面经济伙伴关系"。2012 年 8 月,峰会通过《RCEP 谈判的指导原则与目标》;同年 11 月,"10＋6"领导人共同发布《启动〈RCEP〉谈判的联合声明》。2013 年 5 月,谈判正式启动;除贸易谈判委员会外,货物、服务贸易、投资、竞争政策、经济技术合作、知识产权等工作组具体负责相关领域的谈判。截至 2017 年 5 月,共举行 18 轮谈判,已就经济技术合作、中小企业章节达成一致,竞争政策章节亦已取得重要进展,统一关税表、原产地规则、海关程序、贸易便利化等重要议题形成初步共识,市场准入自由化模式、核心领域出要价、各领域案文的实质性谈判正在进行中。

尽管依然挑战不断,面对 TPP 签署后的“戏剧性”变化,尤其美国已于 2017 年 1 月宣布退出 TPP, RCEP 各经济体的态度更为积极,无论领导人会议,还是部长级会议都在反复重申尽早结束谈判;虽然进展比预期缓慢,但 2016 年以来更为密集的谈判过程中的利好因素也在不断增加,就连印度这一内部的重要阻力也已更为配合。2017 年 5 月的 RCEP 部长级会议,不但明确谈判已进入关键时期,而且强调实质性结束谈判已被确定为 2017 年东盟成立 50 周年的重要成果。RCEP 谈判有相对较大的可能在 2017 年达成最终的共识。

2. RCEP 的主要特点及现实问题

(1) RCEP 的主要特点。

RCEP 以覆盖货物贸易、服务贸易、投资、经济技术合作、知识产权、竞争政策、争端解决和其他议题,现代的、全面的、高质量的、互惠的经济伙伴协定为目标;承认东盟在新兴区域经济结构中的中心地位及其 FTA 伙伴的利益,支持并有利于经济一体化和公平发展,加强参与国家之间的经济合作。[①]其主要特点可简单概括为:

第一,现代、全面而高质量。即顺应区域经济合作尤其是 FTA 发展的时代潮流,不但拆除贸易、投资的非关税壁垒,而且覆盖知识产权、竞争政策等新兴议题,并明确在“经济技术合作”中推进“跨境电子商务”,以参与国协商同意为基础还可纳入其他与商业有关的新兴议题。

第二,开放而渐进灵活。不仅体现在对成员的开放准入上,还体现在对议题的开放添加上,更体现在对贸易投资及其相关规则程序的透明要求、对欠发达成员的相对包容及差别待遇上;务实,兼顾各方关切及现在与未来发展,并不追求一步到位,也不刻意“一刀切”。

第三,坚持东盟方式和东盟中心地位。这是东盟对外区域经济合作

---

① ASEAN, *Guiding Principles and Objectives for Negotiating the Regional Comprehensive Economic Partnership*, November 2012, p.1.

一贯的基本立场;已签署的五个"10+1"FTA是RCEP谈判及其制定规则标准的基础。

第四,强调经济技术合作。更注重缩小发展差距和实现多边收益最大化;在拓宽并深化经济一体化、促进区域经济增长的同时,也要推动区域经济的公平发展。

第五,独立性。不以兼并、整合、取代为己任,而是要与参与国及其相互间既有及未来的FTA并存,通过区域经济一体化及其高标准规则的构建,共同推动WTO多边贸易体制的发展。

(2) RCEP谈判的现实问题。

RCEP通常而言相对于TPP的某些优势,也在一定程度上成为自身能否如期顺利结束谈判并切实推动自身经济一体化的非常重要的现实问题。

第一,成员的差异性和利益诉求的复杂性。7个经济体、16个国家,占全球48.5%的人口、30.6%的GDP、28.9%的对外贸易;[①]发展道路、政治体制、宗教信仰有别,人口从40多万到13亿,国土面积从700多平方千米到960万平方千米,人均GDP从1 000多美元到超过5万美元;既有发达国家、新兴经济体,也有普通发展中国家,更有最不发达国家……成员间如此巨大的差异,意味着谈判各方的利益诉求、主要顾虑和基本立场不可避免地存在相对较大的分歧。而金融危机后世界对全球化的反思更是进一步增加了谈判的复杂性,RCEP各经济体所面对的压力也相应增大。

第二,5个"10+1"FTA的多样性和规则整合的困难度。作为RCEP谈判及其制定规则标准的基础,相对成熟的既有五个"10+1"FTA,无论自由化水平还是开放程度均不尽相同。这也使RCEP各经济体对现有五个"10+1"FTA的整体升级必然存在承受能力和关注重点的差异。如何平衡谈判各方的利益,并弥合相互间在货物贸易敏感产品

---

① ASEAN Secretariat, *ASEAN Statistical Leaflet—Selected Key Indicators 2016*, Jakarta: ASEAN Secretariat, September 2016, p.1.

和原产地规则、服务贸易开放模式及其领域和程度、投资和知识产权及竞争政策等方面的复杂分歧，进而以一个相对较快的速度形成一个相对折中而适度且具可行性的标准，绝非易事。

第三，区域身份认同和东盟主导地位。共同意识和身份认同是构建区域经济一体化极为重要的基础。而东亚经济体的民族主义、国家主权意识浓厚，RCEP 谈判各方在政治上的互信不足及领土争端、对区域外部的依赖和区域内部的竞争，恰恰意味着这一关键要素的相对欠缺，其也成为 RCEP 谈判进展缓慢的又一主要原因。

较之于美国对 TPP 谈判的强力主导和引领，作为东亚区域合作先行者和“驾驶员”的东盟作为 RCEP 谈判发起者和主导方的领导能力也不可同日而语。

第四，中日、中印的协调。在 RCEP 谈判各方中，中国尚未同日本、印度展开双边 FTA 谈判，中日、中印之间的协调对于 RCEP 的顺利推进尤为重要。

随着中国经济实力的日益提升，日本对中国在东亚区域经济合作中的地位、作用、影响力的警惕和防范不断升级。作为参与 TPP 的发达经济体，日本在 RCEP 谈判中发挥自身规则优势、一步到位形成高标准协定的要求日渐强烈。在美国已宣布退出 TPP 的情况下，日本对 RCEP 高标准要求及其程度的坚持有待进一步观察，其会否因此拖延 RCEP 达成一致的时间依然是个未知数。

印度对中国的警惕和防范同样从未放松，谋求在亚洲区域经济合作中的更大发言权的努力更是不曾懈怠。虽然早在 2007 年 10 月双方就已经完成区域贸易安排联合研究报告，但截至目前都未能启动 FTA 谈判。究其原因，一是认为构建时机尚不成熟；二是在中印经贸关系持续稳定发展的同时，双边贸易的不平衡也在加剧。印度国内对是否给予中国市场经济地位、是否同中国达成 FTA 的争论从未间断，而且反对的声浪相对更为猛烈。

第五,外部势力、非经济因素的牵制。对RCEP谈判进行牵制的区域外部势力主要为美国及其所主导签署的TPP,TPP因美国的退出增加了生效的不确定性,即使最终生效也会因美国的缺席而在影响力上大打折扣。此外,这一地区纠纷的非经济因素依然是历史问题及其遗留的领土争端,且美国在其中扮演了极为重要的角色。

第六,东北亚FTA谈判推进和东盟经济共同体建设。东北亚"3"的制度性整合与东盟经济共同体建设,是东亚区域经济合作的关键组成部分,能够为东亚区域经济一体化的构建提供更好的基础和动力。截至2017年4月底,中日韩FTA谈判已进行12轮,尚未缩小关税领域的分歧。而东盟经济共同体建设对东盟在RCEP中的领导能力和主导地位至关重要。

第七,经济上对区域外部的依赖和区域内部的竞争。前者主要指外部市场的约束,区域外部市场依然是东亚经济增长的主要拉动力量和稳定因素。后者主要指结构的同构,区域内部的竞争性依然是东亚区域经济一体化无法回避的现实问题。

三、"10+3"

"10+3"是同处于东亚的东南亚的东盟("10")和东北亚的中日韩("3")区域合作的简称。从1997年12月到2016年9月,"10+3"领导人会议已举行19次,作为其长期目标,"东亚共同体"中期实施措施的东亚自由贸易区即原先设想的"10+3"FTA依然未能启动;甚至在某种程度上讲,随着东亚峰会由"10+3"到"10+6"再到"10+8"的逐步扩容和事实上以"10+6"为基础的RCEP谈判进程的不断推进,东亚地区整体区域经济合作的制度化安排,即东亚区域经济一体化最初以"10+3"为基础的FTA路径选择,似乎也越来越难以坚持。

1."10+3"合作机制的启动及现实进展

随着区域经济合作的日益深化,东盟越来越受到自身规模的限制,开始寻求与东北亚的中日韩建立更加紧密的经济贸易联系。1997 年发端于东盟国家的东亚金融危机,最终促成首次“10+3”领导人非正式会议①于当年 12 月召开,纯粹地缘范畴的东亚区域合作进程就此开启。

1999 年第 3 次会议,发表第 1 份《东亚合作联合声明》②,规定推动东亚合作的原则和宗旨、方向和重点领域。2004 年第 8 次会议,明确以“东亚共同体”为东亚合作的长远目标和“10+3”建设为“东亚共同体”的主渠道地位,并决定启动由专家小组进行的东亚 FTA 可行性研究。2007 年第 11 次会议,发表第二份《东亚合作联合声明——深化东盟与中日韩合作的基础》,对未来 10 年更加紧密的一体化进行展望;审议通过《东盟与中日韩合作工作计划(2007—2017)》;并为便利工作计划的实施决定建立“10+3”合作基金。2015 年第 18 次会议,审议通过“第二东亚展望小组”最终报告。

在“10+3”近 20 年的发展过程中,虽然以“10+3”为基础的 FTA 几无进展,似乎年度会议的吸引力也不如以往,但“10+3”东亚区域合作的主渠道地位还是得到了公认与坚持。其以经济合作为起点与重点,逐步向政治和安全、社会与文化发展、能源、环境、气候变化等领域拓展;截至目前,已在 24 个领域建立了 68 个不同层次的对话与合作机制,其对东亚一体化进程的促进,特别是所提供的宏观指导和政治动力毋庸置疑。尽管如此,同样不可否认的是,步入第 20 个春秋的“10+3”的深化发展尚需成员国的实质性推动及对其主渠道地位的实质性坚持;也唯有如此,其才能不管快慢而真正一直行走在以“东亚共同体”为长远目标的正确轨道上,以东亚 FTA 乃至经济共同体为基础的东亚一体化才不会沦为空谈。

2. “10+3”合作的主要特点及现实问题

(1) “10+3”的主要特点。

1999 年的第一份《东亚合作联合声明》就明确表示,“在各领域中、

① 因当时柬埔寨尚未入盟,严格意义上应为“9+3”。
② “10+3”相关具体文本参见中国外交部网站。

在不同的层次上共同做出努力"。"10＋3"合作并非仅仅具有推进区域合作进程的经济意义，还在于通过提供有利于对话的相对完备的平台，加深彼此的了解和理解、减少相互的误解和误读，进而改善区域各国间的政治与安全关系，以符合自身实际的方式不断拓展包括经济在内的更为广泛的合作领域，进一步增强内部凝聚力。这些也是其得以持续前行并能够发挥引领作用的重要原因。其主要特点可简单概括为：

第一，相对完善的对话机制，以对话促合作。就目前乃至今后很长一段时间而言，"10＋3"仍然会侧重于国家之间的对话，以对话协商为主要合作形式。自 1997 年合作进程启动以来，已构建 68 个机制，成为亚洲地区最完善、最成熟的合作机制之一。

第二，是东亚合作公认的主渠道，东盟发挥主导作用。东盟是"10＋3"合作的发起人和牵头人。年度领导人会议均由东盟轮值主席国举办，和东盟峰会同期进行。

2004 年的第 8 次会议，最终明确"10＋3"建设"东亚共同体"这一东亚合作长远目标的主渠道地位。在随后的发展进程中，"10＋3"东亚区域合作的主渠道地位、东盟的主导作用始终得到公认与坚持。即使由于日本的反对，在 2005 年未能按照最初预想的"10＋3"框架而以"10＋3＋3"架构召开首次东亚峰会的情况下，同年同期继续举行的第 9 次"10＋3"会议《关于东盟与中日韩领导人会议的吉隆坡宣言》还是确定：继续以"10＋3"进程为主渠道，由东盟发挥主导作用，共同致力于"东亚共同体"这一长远目标的实现。

第三，功能性合作，多层次、宽领域、全方位。作为共同应对金融危机的产物，"10＋3"从经济金融合作起步，并以此为基础和重点，逐步向其他领域拓展和深化，功能性合作的内容日益充实。截至目前，已覆盖包括政治和安全、跨国犯罪、经济、金融、旅游、农业和林业、能源、矿产、中小型企业、环境、农村发展和减贫、社会福利、青年、妇女、公务员、劳动、文化和艺术、信息和媒体、教育、科学、技术和创新、公共卫生等在内的 24 个领域,[①]形成多层次、宽领域、全方位的合作格局。

东亚金融合作从一开始就以“10＋3”为基本框架,其也是“10＋3”合作中起步相对较早、成效最为显著的领域,已形成以“清迈倡议多边化”为基础框架的合作体系,对维护区域经济金融稳定起到积极作用,成为“10＋3”发展进程中无可争议的一大合作亮点。负责监测区域宏观经济、支持“清迈倡议多边化协议”运作的“10＋3”宏观经济研究办公室在 2011 年成立,并于 2016 年 2 月正式升级为国际组织。

(2)“10＋3”的现实问题。

就整体而言,“10＋3”目前依然更多属于一种对话式合作。如何为东亚区域合作注入新的动力,在提高合作水平、拓展合作领域的同时,使区域合作的政治诉求、区域认同和经济诉求相适应,促进东亚区域合作机制的深化发展,逐步接近“东亚共同体”长远目标,日渐成为“10＋3”必须认真思考和应对的问题。

无论“10＋3”还是 RCEP,均由东盟所主导,中日韩均为其中的重要成员。这一共有特点意味着,上文中分析的 RCEP 谈判中存在的现实问题,同样也是“10＋3”合作中必须面对的现实问题。差别只在于问题的大小和解决的难易,此处不再赘述。

需要强调的是,“10＋3”以东亚共同体为长远目标,但实现这一长远目标的路径选择和推进方式依然存在分歧,截至目前都未有弥合的迹象;其中,考虑到作为领导者的东盟的主导能力和动力均相对欠缺,中、日的角力和协调尤为关键。

对于日本来说,中国所强调的地缘范畴的“10＋3”在某种程度上就是中国主导区域合作的代名词,以“10＋3”为基础的东亚 FTA 要想得到日本的认同进而在推进过程中发挥作用,难度可想而知。更何况,作为中日相互妥协的结果,RCEP 谈判进程已经启动,正在全力推进中。

---

① 参见东盟网站关于“10＋3”的介绍。

"第二东亚展望小组"所提出的"东亚经济共同体2020"的目标，虽然为2012年的领导人会议所接受，但目前来说，似乎除中国外其他成员的态度均难言积极，更不要说实际的支持。

尽管如此，逐步深化区域合作的机制化水平还是日渐成为东亚各国的广泛共识。2015年，东盟共同体宣布成立，东盟内部的区域合作进入新阶段；中日韩领导人会议重启，东北亚区域合作回归正轨。虽然受诸多因素影响，2016年中日韩领导人会议暂停，但三国外长会、经贸部长会依旧分别在8月和10月于日本举行。东亚区域合作的内部驱动力相应增强。

第二节 东南亚区域与域外大国/地区的关系

东南亚区域以经济合作为基础的政治、经济、安全一体化合作组织及一系列合作机制是东南亚国家联盟(简称东盟)。作为一个整体，东盟更关心"10+1"FTA网络建设及轮轴地位的加强，力求通过RCEP谈判巩固自身因TPP的不断推进和东北亚中日韩FTA的谈判启动而在东亚区域经济合作中日渐堪忧的既有领导权。RCEP的构建只能是进一步密切东盟成员间经济关系、提升东盟整体凝聚力、形成更大整体机制合力的重要手段，是以东盟经济共同体建设为基础的向外延伸。

随着东亚经济活力的日渐显现和东盟共同体建设的不断推进，东盟的发展前景备受关注，域外大国/地区不约而同地加快发展同东盟的关系。为更好地实现自身的战略目标和经济利益，美国、俄罗斯、欧盟、日本、印度均已与东盟签署《东南亚友好合作条约》。美国、俄罗斯还是"领导人引领的战略论坛"东亚峰会的一员，东亚峰会也因此由"10+6"扩容为目前更具亚太属性的"10+8"架构。欧盟的前身欧共体是最早与东盟建立对话关系的区域外组织，欧盟与东盟的FTA谈判也已启动。同属亚洲国家的日本、印度，不仅均为东盟业已形成的FTA网络中的"辐条"，还都是正在谈判中的RCEP成员。

一、东南亚区域与美国的关系

美国作为东南亚地区的“驻场者”,是如影随形般的存在。随着亚洲的整体崛起,东南亚地区的战略价值凸显,东盟在国际事务中的作用和地位不断上升。美国与东盟的关系也在悄然发生相应的变化:东南亚成为美国“亚太再平衡”战略的重要支撑,而美国是东盟“大国平衡”战略的重要一环。

所谓“亚太再平衡”,不仅表明美国全球战略重心向亚太地区的转移,还意味着其在亚太地区的关注目光将更多地投向东南亚。一方面,东南亚地区因自身所具有的独特地缘价值和日趋显现的战略安全及经济意义,在美国对外战略格局中的地位显著提升。另一方面,东南亚国家及东盟长期奉行的“骑墙”政策、“对冲”策略,不仅使其乐见美国“重返”东南亚,强化其在东南亚的现实存在和平衡中国的关键角色,也使美国相关战略和政策的推进自然拥有更可借助的现实力量和灵活平台,既便于遏制中国的崛起,又能分享东南亚地区持续、稳定增长所带来的经济利益。时任美国国务卿克里在 2015 年 10 月美国—东盟商务理事会 30 周年纪念会议上明确表示,希望东盟继续发挥在东南亚地区多边架构中既有的中心地位和引领作用。①

尽管奉行美国优先的美国新任总统特朗普及其政府官员明确表示,“亚太再平衡”战略已成过去式,但无论特朗普政府的亚太战略最终做出怎样的调整,“以实力促和平”也好、“亚太稳定计划”也罢,美国都不可能放弃自身在东南亚区域的战略存在,只是手段有所不同或程度有所差异而已。

1. 政治安全领域:高层互动日益频繁、日渐机制化,双边关系改善、提升的同时南海问题升温

2009 年 7 月,美国签署《东南亚友好合作条约》,为作为正式成员参

① 张凯:《“重返”东南亚:美国的“战略进取”及其影响》,《当代世界》,2016 年第 3 期,第 32 页。

加曾经被自己排斥的东亚峰会扫平最后的障碍。从 2013 年开始，美国、东盟领导人会议制度化、常态化的机制是美国—东盟峰会。在 2015 年 11 月第 3 次美国—东盟峰会中，双方关系正式升级为战略伙伴，并签署《美国—东盟战略伙伴关系行动计划（2016—2020）》。时隔仅 3 个月即 2016 年 2 月，美国—东盟特别峰会首次在美国单独召开，而非在东盟轮值主席国在东亚峰会期间举行，东盟在亚洲经济和安全架构中的重要性进一步凸显。时任美国总统国家安全事务副助理罗兹表示，将目前双方领导人之间的经常性接触机制化是采取这一形式的目的之一。[①]此外，美国开始积极参加并支持东盟地区论坛（ARF）、东盟防长扩大会议等东盟主导的地区多边机制，举办美国—东盟防务论坛。

除了加强与东盟的关系外，美国还改善、密切与东盟成员国的关系。2010 年、2013 年美国分别与印度尼西亚、越南建立全面伙伴关系；将马来西亚视作重要的新兴伙伴和东南亚同盟体系的重要补充，积极加强和扩展与马来西亚的双边关系，尤其是安全关系；在与缅甸的双边关系上，美国对缅政策实现了由制裁到接触的转变，2013 年时任缅甸总统的吴登盛实现了半个世纪以来缅甸国家元首对美国的首次访问，使原本相对疏离的美缅双边关系得以明显改善。美国还在 2015 年与新加坡签署了《提高防务合作协定》，升级了与菲律宾、泰国的传统军事关系。

需要强调的是，美国积极利用东南亚国家“大国平衡”战略所导致的“骑墙”与观望，有意放大部分东盟国家与中国业已存在的领土和海洋权益争议，主动、深度介入地区热点问题，恶意渲染地区局势紧张、炒作所谓的“非军事化”，成为南海问题不断升温的主要推手。

2. 经济领域：密切联系，分享利益，在分化、冲突中重塑地区经济新秩序

虽然美国一直是东南亚经济体最为重要的出口市场和 FDI 来源地，

① 周而捷等：《东盟“平衡术”博弈美国“再平衡”》，新华社北京，2016 年 2 月 17 日电。

但随着中国经济的快速发展和市场潜力的不断释放、东亚经济一体化的逐步推进和合作领域的不断深化及拓展，东南亚国家对美国的经济依赖日趋减少。而东南亚区域经济合作的不断发展，也使美国对自身的被边缘化深感忧虑。加强与东盟及其成员的经济联系，拓展贸易和投资领域，提高合作水平，不但可以为深受金融危机困扰的美国经济注入一定的活力，而且有助于美国“亚太再平衡”战略重要一环 TPP 的有效推进，对美国实现主导亚太区域经济合作、构建和推行新的全球贸易规则、继续维持自身的霸权地位具有一定的积极作用。

搭建经济合作框架，促进贸易投资便利化。早在 2006 年 8 月，美国就同东盟达成《贸易与投资框架安排(TIFA)》。2012 年 11 月，《东盟—美国扩大经济合作(E3)倡议》签署，成为扩大双边贸易联系、创造新的商业机会和就业的经济合作新框架。2016 年 2 月美国—东盟特别峰会，奥巴马宣布推出一项旨在协调并促进双方经济联系的新计划，即在东南亚国家建立一些机构，以把更多企业家和投资人聚合在一起。[①]美国还通过“湄公河下游倡议”，与东南亚相关国家展开次区域合作。此外，美国与新加坡的 FTA 正在建设中，新加坡、文莱、马来西亚、越南还是此前美国主导签署的 TPP 的成员国。

双边贸易稳定增长，美国对东盟投资持续扩大。根据美国白宫发布的信息，2015 年美国与东盟的货物贸易同比增长 5%，东盟是美国的第四大贸易伙伴；奥巴马执政期间，美国与东盟的货物贸易增长了 55%；美国对东盟的直接投资增多近 1 倍。[②]东盟的统计数据[③]显示，2010 年至 2015 年，东盟与美国的货物贸易进出口总额由 1 865.4 亿美元增加到 2 123.3 亿美元，占东盟对外贸易总额的 9.4%，美国继续保持东盟仅次于中国、日本、欧盟的第四大贸易伙伴地位。其中，2015 年东盟对美

① 周而捷等：《东盟“平衡术”博弈美国“再平衡”》，新华社北京，2016 年 2 月 17 日电。

② 龚婷：《中美应在东南亚寻求经贸共赢》，《国际先驱导报》，2016 年 3 月 4 日。

③ 除特别注明外，本章有关东盟的贸易和投资数据来源于东盟网站。

国出口 1 291.6 亿美元，占东盟出口总额的 10.9%，美国是东盟仅次于中国的第二大出口目的地；东盟从美国进口 831.7 亿美元，美国是东盟的第四大进口来源地；贸易顺差更是由 2010 年的 142.6 亿美元扩大为 459.9 亿美元，美国是东盟的最大贸易顺差来源地。2010 年至 2015 年，东盟平均利用美国直接投资 127.5 亿美元，平均占有东盟利用外国直接投资 11.1%的份额，美国是东盟仅次于欧盟、日本的第三大外国直接投资来源地。

需要强调的是，美国对不包括其在内的任何东亚整体区域经济合作的制度化安排都心存排斥、高度警惕。之所以不明确反对和直接干预 RCEP 谈判进程，很大一部分原因在于，较之于"10+3"FTA，以"10+6"为基础的 RCEP 不但有美国的盟友澳大利亚，可相对更好地体现美国的存在和影响力，而且严格东亚地缘范畴之外"3"的加入，也使 RCEP 的排他性相对较弱。

尽管如此，对美国而言，东盟既不再是曾经的可长期被忽视者，也并非唯美国马首是瞻的跟随者；其呈现战略进取态势的东南亚政策的制定和有效实施，无论是为遏制中国的崛起、平衡中国的区域影响力，还是为构建经济新规则，都必须尊重和照顾东南亚的利益及东盟方式，得到东盟国家的配合和支持。

二、东南亚区域与俄罗斯的关系

俄罗斯具有"欧亚国家"的天然地缘优势，但在相当长的时期内东南亚区域都不是其外交政策的重点。20 世纪 90 年代中期以来，随着俄罗斯由"大西洋主义"亲西方外交路线向"新欧亚主义""双头鹰"外交政策的逐步调整和"全方位"外交战略的不断推进，其与东南亚区域的政治、经济、安全、科技、能源合作逐步取得突破性进展，东盟日渐成为俄罗斯积极面向亚太、拓展战略空间的重要一环和参与亚太区域合作的重要支点。2000 年普京推出 21 世纪俄罗斯亚太政策构想，其《关于俄罗斯：新的东方前景》明确指出:“同亚太国家一起从言论转向行动去发展经济、政治和其他联系的时刻到了”。[①]2004 年 11 月,俄罗斯加入《东南亚友好合作条约》;2005 年 12 月,俄罗斯—东盟峰会召开。俄罗斯与东盟的双边合作被提升到前所未有的新层次。

事实上,在中国崛起、世界经济重心向亚太地区转移的时代背景下,俄罗斯从自身利益出发,强调其亚太属性,开始主动转向东南亚地区,重视东盟在区域合作中的核心作用;同时,东盟也从一贯的“大国平衡”战略出发,视俄罗斯为制约其他大国的关键因素,积极谋求与俄罗斯关系的发展,于 1996 年将俄罗斯提升为全面对话伙伴,并在 2009 年进一步决定吸纳俄罗斯为东亚峰会的正式成员。在相互需求的基础上,积极推动全方位务实合作,成为俄罗斯与东盟关系最为显著的特征。

为纪念对话伙伴关系建立 20 周年,第三次俄罗斯—东盟峰会时隔六年于 2016 年 5 月在俄罗斯举行,双方全面规划双边关系与合作的方向,不但发表了《索契宣言》,而且制定了《俄罗斯—东盟发展合作综合行动计划(2016—2020)》,双方共达成 49 点共识,俄罗斯将与东盟启动 57 项技术合作项目。[②]

毫无疑问,扩大贸易和投资是双方经济合作的主要内容。根据俄罗斯官方数据,与东盟的双边贸易总额已由 2005 年的 42 亿美元增至 2014 年的 215 亿美元,且前五年的增速明显快于后 5 年。[③]东盟的统计数据显示,2010 年至 2015 年,东盟与俄罗斯的货物贸易进出口总额由 90.56 亿美元提高到 133.85 亿美元,占东盟对外贸易总额的 0.6%。其中,2015 年东盟对俄罗斯出口 39.89 亿美元,占东盟出口总额的 0.3%;

---

① 转引自吕雪峰:《东盟—俄罗斯对话伙伴关系 20 年述评(1994—2014)》,《东北亚论坛》,2016 年第 1 期,第 77 页。

② 张继业:《俄罗斯—东盟峰会通过索契宣言并达成 49 点共识》,新华社俄罗斯索契,2016 年 5 月 20 日电;格列布·费奥多罗夫:《俄与东盟“认真”强化关系 经贸往来落后中美》,《环球时报》“透视俄罗斯”专刊,2016 年 5 月 27 日。

③ 赵嫣:《新闻分析:俄罗斯牵手东盟三大意图》,新华社北京,2016 年 5 月 19 日电。

东盟从俄罗斯进口 93.96 亿美元,占东盟进口总额的 0.9%;东盟由 2010 年的顺差 9.42 亿美元转变为逆差 54.07 亿美元。受西方加大制裁俄罗斯的影响,2013 年至 2015 年,东盟利用俄罗斯直接投资呈现负增长。从 2010 年到 2014 年,双方贸易总额仅增 0.8 倍,远低于预期的 2.5 倍。①就目前趋势而言,到 2020 年将俄罗斯在东盟国家的市场份额提升至 10%的打算②并不现实。

需要进一步强调的有两点。一是合作未达预期,俄罗斯与东盟关系的进一步深化并不乐观。按照最初设想,俄罗斯—东盟峰会以年度定期会议为目标,开始时每两到三年召开不少于一次。但截至目前,一共才举行三次,每次间隔最少也有五年。二是俄罗斯的热情高于东盟。俄罗斯在东南亚经济中的参与度较之中国和美国要小很多,俄罗斯切实有意要加强与东盟的经济一体化。继普京在 2015 年国情咨文中建议,"俄罗斯与欧亚经济联盟国家一道,与……东盟国家就未来建立经济伙伴关系举行磋商"③后,2016 年第三次俄罗斯—东盟峰会进一步宣称,研究建立东盟和欧亚经济联盟全面 FTA。但总体而言,东盟国家的反应并不积极。

三、东南亚区域与欧盟的关系

东盟与欧共体即欧盟前身的关系始于 20 世纪 70 年代,并在 1980 年 3 月签署《东盟—欧共体合作协定》,双边对话关系机制化。21 世纪以来,随着世界政治经济重心的东移,东南亚区域的战略地位再次提升。欧盟同样也在致力于加强与东南亚国家的合作,提升在这一区域的影响力与话语权,分享区域经济增长的红利,挖掘新的经济增长点。无论 2001 年的《欧洲与亚洲:提升合作关系战略框架》,还是 2003 年的

① 赵嫣:《新闻分析:俄罗斯牵手东盟三大意图》,新华社北京,2016 年 5 月 19 日电。
② 曲颂:《俄罗斯与东盟加强互利合作》,《人民日报》,2016 年 5 月 20 日。
③ 《东盟成为俄罗斯"东转"新方向》,《参考消息》,2016 年 5 月 21 日。

《与东南亚的新型伙伴关系》,欧盟对东盟的政策已从注重自身在亚洲的经济存在转向经济与政治并重,寻求与东盟在多方面加强对话与合作。[①]2007 年的《欧盟—东盟加强伙伴关系纽伦堡宣言》,成为双方“开始更紧密合作和发展更深入关系的一个信号”[②]:双方除加强包括打击恐怖主义、贩卖人口、海盗、武器走私、跨国犯罪行为在内的政治和安全领域合作外,在经济合作领域中欧盟和东盟特别提及支持启动有关 FTA 谈判。2007 年 7 月,欧盟—东盟 FTA 谈判启动。2009 年 5 月,《欧盟/欧洲委员会加入东南亚友好合作条约宣言》签署,双方关系步入新阶段。2015 年 5 月,欧盟委员会发表《欧盟与东盟:战略意义的伙伴关系》公报,提出将双方关系提升到高一级别的具体理念。[③]

在合作机制方面,除欧盟—东盟部长级会议、高官会外,双方还在东盟地区论坛、亚欧会议框架下就相关问题展开磋商,尤其亚欧会议本身就是以欧盟—东盟关系为基础建立并发展起来的合作机制。具体到经济领域,还有为成员国政府与企业搭建的欧盟—东盟商业峰会,旨在提升区域联通水平和深化互联互通合作的欧盟—东盟联通政策对话等平台。

在双边贸易投资方面,据欧盟统计,2015 年欧盟—东盟的双边贸易同比增长 11%;2014 年欧盟对东盟投资 293 亿美元,同比增长 31.5%,占东盟整体引资的 21.5%。[④]东盟的数据显示,2010 年至 2015 年,东盟与欧盟的货物贸易进出口总额由 2 085.88 亿美元提高到 2 275.83 亿美元,占东盟对外贸易总额的 10%,仅次于中国、日本。其中,2015 年东盟对欧盟出口 1 275.31 亿美元,占东盟出口总额的 10.8%,欧盟是仅次于中美两国的东盟第三大出口市场;东盟从欧盟进口 1 000.52 亿美元,

---

① 任琳等:《欧盟东南亚政策论析》,《欧洲研究》,2015 年第 3 期,第 29—30 页。

② 时任欧盟轮值主席国德国外长施泰因迈尔所言。参见刘向等:《综述:欧盟和东盟伙伴关系不断深化》,新华网德国纽伦堡,2007 年 3 月 15 日电。

③ 沈晨:《欧盟提议加强与东盟的伙伴关系》,中新社布鲁塞尔,2015 年 5 月 19 日电。

④ 《欧盟与东盟经贸关系取得积极进展》,中国驻欧盟使团经商参处,2016 年 3 月 9 日。

占东盟进口总额的 9.2%，欧盟是仅次于中国、日本的东盟第三大进口来源地；东盟的贸易顺差由 2010 年的 215.72 亿美元增至 274.61 亿美元。2010 年至 2015 年，东盟平均利用欧盟直接投资 193.64 亿美元，平均占有东盟利用外国直接投资 16.9%的份额，欧盟是东盟第一大外国直接投资来源地。

需要强调的是，为全面介入亚洲区域经济一体化进程，增强区域影响力和话语权，欧盟已将东南亚区域作为自身对外构建 FTA 的重点。虽然欧盟—东盟 FTA 谈判于 2009 年 3 月中止，但欧盟与东盟成员国的 FTA 谈判随即开启，并被视为推动欧盟—东盟 FTA 谈判的基石。截至 2016 年底，欧盟与马来西亚、泰国、菲律宾、印度尼西亚的 FTA 谈判正在进行中，与新加坡、越南的 FTA 谈判已经结束。

四、东南亚区域与日本的关系

东盟在日本的对外经济战略中一直扮演重要角色。日本虽然在第二次世界大战时入侵过东南亚地区，但在美国的“帮助”下，通过战争赔偿、官方援助、FDI 重返东南亚，日本与东南亚国家的关系由敌对走向合作，并日渐向更广领域拓展。东盟—日本对话关系早在 1973 年就已建立，并于 1977 年机制化。

由于更为注重全球多边贸易体制及贸易自由化的推进，并对美国态度有所忌惮，日本最初并没有足够重视东盟区域经济合作设想。20 世纪 90 年代末期以来，随着中国经济的迅速发展和中国与东南亚国家关系的日渐紧密，面对国内经济的停滞和国际经济地位的下滑，尤其是中国—东盟 FTA 的构建，日本感受到的竞争压力日渐增大，其对外经济政策逐步由多边转向双边，或被动或主动地开始加快区域经济的合作步伐，加大以 FTA 为基础、覆盖范围更为广泛的“经济伙伴关系”(EPA)的构建。以东盟为中心的东亚区域成为日本 EPA/FTA 战略布局的重点，2004 年 7 月，日本加入《东南亚友好合作条约》，继 2003 年 10 月达成

《东盟—日本全面经济伙伴关系(AJCEP)框架协议》后,AJCEP 协定最终于 2008 年 4 月签署、12 月生效。截至 2009 年底日本与东盟老六国和越南的 EPA 已全部生效。

1. 政治安全合作:提升东盟战略地位,宣布日本—东盟关系五原则,主动、全面介入南海问题

除东盟领导的东盟地区论坛、“10+3”峰会及防长会议外,双方还通过包括日本—东盟峰会、部长级会议、高官会和专家会在内的诸多机制展开对话与协商。

2010 年,为保持亚太地区稳定,更为有效地遏制崛起中的中国,日本国家防务政策纲要将东盟国家与美国、韩国、澳大利亚、印度一起定义为最重要的战略伙伴。[①]东南亚地区在日本对外战略布局中的地位进一步上升。

2013 年是日本与东盟建立伙伴关系 40 周年,时任日本首相安倍晋三遍访东盟成员国,展开被日本媒体普遍解读为“围堵中国”的所谓“俯瞰地球仪式”的“价值观外交”,并在 1 月访问印度尼西亚时宣布日本—东盟关系五原则,即共同致力于保障自由、民主、基本人权;以法律而非强权维护公海秩序,遵守重要共识;加强经贸合作,增强资本、商品、服务、人员流动;维护亚洲文化与传统;增强青年交流。[②]12 月的特别峰会上,通过了《日本—东盟友好合作愿景声明》、以“手牵手面对区域和全球挑战”为主题的《联合声明》及其实施计划。日本有意凸显所谓“中国安全威胁论”,挑拨地区国家间关系,试图在自身更多参与地区安全事务的同时,“绑架”东盟,形成对中国更为“积极”的牵制。而东盟一方面对日本提升防卫能力抱持欢迎态度,另一方面希望日中关系不要进一步恶化。这也间接导致日本在南海问题上从早期的不介入日益走向如今

① 道下德成:《安倍主义将重塑日本与东盟关系》,(新加坡)《海峡时报》,2013 年 3 月 6 日。转引自《新报:安倍主义将重塑日本与东盟关系》,参考消息网,2013 年 3 月 12 日报道。

② 庄雪雅:《安倍提前结束印尼访问 提出日本—东盟关系五点原则》,人民网雅加达,2013 年 1 月 18 日电。

的主动全面介入。

2. 经济合作:为东盟第二大贸易伙伴和外国直接投资来源地,次区域合作加强

东盟在2011年就是日本仅次于中国的第二大贸易伙伴。2012年8月,《日本—东盟10年经济合作战略路线图》签署,目标是到2022年双边贸易和投资翻一番。

据东盟统计,2010年至2015年,东盟与日本的货物贸易进出口总额由2 065.34亿美元提高到2 382.91亿美元,占东盟对外贸易总额的10.5%,超越欧盟,仅次于中国。其中,2015年东盟对日本出口1 139.42亿美元,占东盟出口总额的9.6%,日本是东盟位列中国、美国、欧盟之后的第四大出口目的地;东盟从日本进口1 243.49亿美元,占东盟进口总额的11.4%,日本是东盟仅次于中国的第二大进口来源地;东盟对日本的贸易逆差由2010年的8.31亿美元迅速扩大为104.07亿美元。2010年至2015年,东盟平均利用日本直接投资156.49亿美元,平均占有东盟利用外国直接投资13.7%的份额,仅次于欧盟。

受日中政治关系和中国劳动力等生产成本上升的影响,日本在逐步减少对华直接投资的同时,加大了对东南亚地区的直接投资力度,东盟再次成为日本海外投资的重点。来自日本的数据显示,2012年日本对东盟的投资达1.5万亿日元,较2011年增加了1倍,超过1.1万亿日元的日本对华投资;日本对印度尼西亚、新加坡、泰国、越南的双边投资额均创历史新高。[①]2013年,日本对东盟直接投资刷新纪录,达到236亿美元,对中国投资同比减少30%,仅为91亿美元。共同社2014年8月发布的对日本106家主要企业的问卷调查显示,日本企业依赖中国的心理减弱,对东盟国家更加看好。[②]

加大次区域合作。2015年7月,第七次东盟湄公河流域国家与日

---

① 《新报:安倍主义将重塑日本与东盟关系》,参考消息网,2013年3月12日。

② 李珍等:《日本促东盟“团购”日式武器》,《环球时报》,2014年8月19日。

本峰会通过《湄公河—日本合作新东京战略 2015》，倡议未来三年在湄公河区域实现“有质量的增长”；日本宣布，今后三年向湄公河区域提供 7 500 亿日元的官方发展援助。较之以往，“新东京战略 2015”尤其强调湄公河流域的基础设施建设。①

需要注意的有两点。一是在日本—东盟关系中，东盟的作用处于上升态势。二是尽管更好地融入东亚区域经济合作是日本的最佳选择，但对自身优势地位的维护、对中国主导可能性的限制仍是日本深化与东盟合作包括参与东盟主导的东亚区域经济合作的重要考量。为避免中国凭借“10＋3”FTA 获取区域经济合作的主导权及影响力，巩固并继续保有自身在东亚区域经济中的优势地位，日本通过引入东亚区域外部力量制衡中国的战略意图极为明显。日本的规则标准明显比既有 5 个“10＋1”FTA 高，这是日本在 RCEP 规制标准方面发挥主导作用的期望所在。

五、东南亚区域与印度的关系

作为亚洲大国的印度，虽属南亚区域，但与东南亚国家毗邻。20 世纪 90 年代初，印度开始推行以东盟为基础、核心的“东向政策”(Look East Policy)，意在通过主动发展与东亚国家尤其是与东盟的关系，促进印度的经济发展、对外开放和国家安全，提升印度的国际地位尤其是在亚洲地位，进而实现其“大国战略”目标。而东盟十分看重印度庞大的经济体量、巨大的发展潜力和有利的地理位置，认为印度是自身“大国平衡”战略相对更可接受及信赖的伙伴；加强与印度的合作，不但可以促进东盟出口市场多元化，相对减少对区域内大国的市场依赖，拉动东盟经济增长，而且能够更为有效地平衡区域内其他大国的力量，提升东盟政策的灵活性和自主性，增大东盟在地区事务中的回旋空间。无论印度的“东向政策”还是东盟的“大国平衡”战略，制衡中国的区域影响力

① 《日巨资援助湄公河国家　外媒：与华争夺地区影响力》，参考消息网，2015 年 7 月 5 日报道。

均为其中的重要考量。也正是由于二者在一定程度上的契合,才使印度和东盟彼此之间的需要加深,共同推动双边关系不断向前发展。

1. 印度—东盟关系:从"部分对话伙伴"到"战略伙伴",由"东向"到"东进""印度制造进行时"

印度于 1992 年成为东盟的"部分对话伙伴",1995 年 12 月被迅速提升为"全面对话伙伴";2002 年首次印度—东盟峰会召开,"10+1"合作机制化,双方关系步入新阶段;在 2012 年印度—东盟建立对话关系 20 周年纪念峰会上,双方再度升格为"战略伙伴",合作再上新台阶。印度总理莫迪于 2014 年 11 月强调,印度的"东向政策"已发展成为"东进政策"(Act East Policy);2015 年 11 月第 13 次印度—东盟峰会,东盟领导人对印度的"东进政策"和"印度制造进行时"(Make in India)倡议表示欢迎。①

2. 印度—东盟 FTA:多边、双边平行推进,贸易未达预期、潜力尚待释放

在 2003 年 10 月第二次印度—东盟峰会上,双方签订《印度—东盟全面经济合作框架协议》。历时近六年,"框架协议"下的《货物贸易协议》终于在 2009 年 8 月签署,并于 2010 年 1 月生效。印度—东盟服务贸易和投资协定于 2012 年 12 月结束谈判、2014 年签署、2015 年 7 月生效。除与东盟构建 FTA 外,印度还与东盟成员国新加坡、泰国、马来西亚、印度尼西亚展开双边 FTA 谈判。WTO 的数据显示,与新加坡、马来西亚的 FTA 协定已分别于 2005 年 8 月、2011 年 7 月生效。

与东盟的对话相比,印度对东盟的贸易和投资相对较少,潜力尚待进一步释放。东盟的数据显示,2010 年到 2015 年,东盟与印度的货物贸易进出口总额由 553.84 亿美元提升到 584.84 亿美元,占东盟对外贸易总额的 2.6%,同比减少 13.6%,仅为东盟的第八大贸易伙伴。其中,2015 年东盟对印度出口 390.28 亿美元,占东盟出口总额的3.3%,印度

① 参见东盟网站相关资料。

是东盟的第七大出口目的地；东盟从印度进口194.56亿美元，占东盟进口总额的1.8%，印度是东盟的第九大进口来源地；东盟对印度的贸易顺差由2010年的165.98亿美元扩大为195.73亿美元。虽然2012年双边货物贸易额就已超过700亿美元的目标，达到756亿美元，但未能再进一步实现2015年双边货物贸易额达1 000亿美元的目标。与2015年贸易发展形成对比的是，东盟利用印度直接投资12亿美元，较之2014年的6.06亿美元提升了近一倍，占东盟利用外国直接投资1%的份额。

3. 印度—东盟合作亮点：次区域和互联互通

次区域经济合作。早在1997年，“孟加拉湾多部门技术和经济合作倡议”组织就在印度的主导下成立，东盟成员泰国和缅甸也参与其中，目标是到2017年建立FTA。该倡议不仅是印度“东向政策”的重要组成部分，还被视为南亚区域合作联盟与东盟的重要桥梁。此外，印度还在2000年与东盟成员泰国、缅甸、越南、老挝、柬埔寨共同成立了“湄公河—恒河合作”组织。

互联互通合作。这是印度—东盟合作的优先领域。印度已承诺为数字和基础设施的互联互通项目提供10亿美元信贷，双方海洋运输协定谈判正在进行中。印度尤其注重与邻国缅甸的互联互通，视其为两国关系发展的新方向。除重点参与缅甸实兑和土瓦深水港建设，努力将其打造为“湄公河—印度经济走廊”上的经济中心和交通枢纽外，①还全力推动“印缅泰三国高速公路”建设，以在2016年前实现“三国无缝互联互通”。②

需要强调的是，印度因长期视中国为竞争对手而格外关注中国的对外经济政策。印度总理莫迪在2016年11月访问东京时与日本首相安

① 李昕：《印度与缅甸互联互通发展探析》，《南亚研究》，2014年第1期，第65页。

② 戴永红等：《印度—东盟“互联互通”战略：背景、进展、制约与影响》，《南亚研究季刊》，2015年第3期，第94页。

倍晋三发表联合声明，提出以基础设施建设推动贸易和投资从亚太延伸到非洲的"自由走廊"计划，在"立足南亚"的基础上，通过"东向政策"的不断推进，借助与东亚经济体所构建的 FTA 平衡中国的亚洲影响力，谋求超越东亚的亚洲区域经济合作大框架下的更大发言权，这是印度极为重要的战略考量。

第三节　东南亚区域共建"21 世纪海上丝绸之路"的支点国家及其节点港口

2013 年 9 月，习近平主席提出，共建"丝绸之路经济带"，"以点带面，从线到片，逐步形成区域大合作"；[①]李克强总理强调，铺就面向东盟的海上丝绸之路，打造带动腹地发展的战略支点。[②]2015 年 3 月，推动共建"一带一路"的《愿景与行动》认为"海上以重点港口为节点，共同建设通畅安全高效的运输大通道"。[③]

"21 世纪海上丝绸之路"沿线的东南亚国家，谁能够承担起以经济合作为基础的"21 世纪海上丝绸之路"建设的战略支点重任？这需要综合考虑国家的地缘优势、安全状况、经济特点、产业园区建设、港口支撑功能、能否产生经济示范及带动效应和对双边/多边经济合作的引导及激励效应，尤其是要综合考虑与中国的政治经济关系、既有合作基础、战略对接的可能性、对待"21 世纪海上丝绸之路"的态度和参与潜力及意愿。也正是通过对以上因素的综合分析，我们认为在东南亚地区可将印度尼西亚、马来西亚、泰国作为共建"21 世纪海上丝绸之路"的支点国

① 习近平：《弘扬人民友谊　共创美好未来——在纳扎尔巴耶夫大学的演讲》，《人民日报》，2013 年 9 月 8 日。

② 王明浩等：《铺就面向东盟的海上丝绸之路　打造带动腹地发展的战略支点》，《人民日报》，2013 年 9 月 5 日。

③ 国家发展改革委等：《推动共建丝绸之路经济带和 21 世纪海上丝绸之路的愿景与行动》，《人民日报》，2015 年 3 月 29 日。

家;并结合三国的发展规划,根据目前各港口的地理位置、基本情况和发展可能,尤其是中国在相关区域投资情况和有无产业园区建设及打算,从中遴选出相应的节点港口。

一、印度尼西亚及其节点港口

印度尼西亚位于东南亚地区的东南部,是东盟最大的成员国和东盟中唯一的G20成员。2013年10月,习近平主席正式在印度尼西亚提出共建“21世纪海上丝绸之路”的倡议。这也从一个侧面反映出素有“千岛之国”美誉的印度尼西亚在“21世纪海上丝绸之路”建设中的重要地位和战略价值。

1. 印度尼西亚作为“21世纪海上丝绸之路”支点国家的优势

印度尼西亚自古就是海上丝绸之路的重要枢纽。选择其作为“21世纪海上丝绸之路”的支点国家,主要基于以下几方面的考虑。

(1) 拥有广泛的战略契合点、利益汇合点,战略对接、共建意愿强。

在中国发出共建“21世纪海上丝绸之路”倡议的同时,中国与印度尼西亚宣布将双边关系由“战略伙伴”提升为“全面战略伙伴”,并发表《全面战略伙伴关系未来规划》。2014年,印度尼西亚新任总统佐科提出建设“海洋强国计划”,打造印度尼西亚成为“全球海洋支点”。2015年3月,《中国和印尼关于加强两国全面战略伙伴关系的联合声明》指出,中国建设“21世纪海上丝绸之路”重大倡议和印度尼西亚倡导的“全球海洋支点”战略构想高度契合。①

2016年1月,习近平主席就雅万高铁动工向佐科总统致贺信时表示,合作建设雅万高铁是中印尼战略对接的重大早期收获。②同年9月,佐科总统出席杭州G20峰会时再次强调,印度尼西亚支持探讨“21世纪

---

① 《中华人民共和国和印度尼西亚共和国关于加强两国全面战略伙伴关系的联合声明》,《人民日报》,2015年3月27日。

② 《习近平向印尼总统佐科致贺信》,《人民日报》,2016年1月22日。

海上丝绸之路"倡议和"全球海洋支点"构想对接。[①]2017年5月,习近平主席与来华出席"一带一路"国际合作高峰论坛的佐科总统共同见证了落实全面战略伙伴关系行动计划和经济技术、基础设施建设等领域合作文件的签署。

(2)扼守马六甲海峡,拥有多条海上要道,以海洋通道为代表的基础设施建设和海洋合作的需求大。

印度尼西亚地处太平洋与印度洋的交汇处,不仅扼守马六甲海峡这一出入太平洋、印度洋之间的门户,还拥有巽他海峡、望加锡海峡、龙目海峡等同样能够沟通太平洋、印度洋的海上要道,是毋庸置疑的交通枢纽,地缘战略地位突出。

印度尼西亚拥有太平洋和印度洋之间的17 508个岛屿,[②]是世界最大的群岛国家。星罗棋布的岛屿间运输需求量大,海上通道建设尤为重要。在2010年世界银行的物流指数排名中,印度尼西亚仅居第75位,低于东盟成员新加坡、越南、菲律宾、马来西亚。[③]

为更好地突破制约自身经济进一步发展和区域平衡的基础设施瓶颈,大力发展"海上高速公路"成为佐科总统"海洋强国计划"的重要内容。印度尼西亚2015—2019年经济发展规划,计划兴建包括五个大型深水港口在内的24个现代化港口、1 481个非商业性港口,新建高速公路2 000千米、铁路3 258千米。[④]计划一旦实现,有望五年内使印度尼西亚物流成本占GDP的比重由25%—30%降至19.2%。[⑤]印度尼西亚政府正逐步放宽对港口的控制,希望外资和本国私营企业能够参与其中。

---

① 《习近平会见印度尼西亚总统佐科》,《人民日报》,2016年9月3日。

② 商务部国际贸易经济合作研究院等:《对外投资合作国别(地区)指南　印度尼西亚(2016年版)》,第2页。

③ 许培源等:《印尼与"海上丝绸之路"建设》,《亚太经济》,2015年第5期,第21页。

④ 《对外投资合作国别(地区)指南 印度尼西亚(2016年版)》,第16页。

⑤ 《"一带一路"为中印尼关系腾飞带来新机遇》,《新华每日电讯》,2015年4月21日。

2014年11月，刚就任不久的佐科总统来华参加APEC会议时强调，双方以海上和基础设施建设等领域为重点，带动两国整体合作。①2015年3月，习近平主席在会见来访的佐科总统时表示，愿充分利用亚洲基础设施投资银行(AIIB)、丝路基金等，支持印度尼西亚发展"海上高速公路"，积极参与印度尼西亚港口、高铁、机场、造船、沿海经济特区建设。②同期发表的《关于加强两国全面战略伙伴关系的联合声明》表示，双方将携手打造"海洋发展伙伴"关系。

(3) 政局较为稳定，对华关系发展良好，南海问题立场相对中立，具备区域影响力和辐射力。

印度尼西亚在东盟国家中不但地理面积和经济体量最大而且人口最多。东盟秘书处和对话伙伴驻东盟使团聚集于此。它在东盟乃至亚太地区的影响力毋庸置疑。随着自身经济的恢复与发展，正在地区和国际事务中发挥着越来越大的作用。

印度尼西亚与中国的关系发展势头良好。高层互访频繁、机制日渐完善，2015年开始展开推动双边务实合作的中国—印度尼西亚高层经济对话。根据2010年全国人口普查结果，华人约占2.37亿总人口的3.79%，是东南亚地区华侨华人最多的国家。通过2006年7月新《国籍法》和2008年10月《消除种族歧视法》，华人从法律上获得了与其他民族平等的权利。③

印度尼西亚在国际事务中坚持不干涉内政、平等协商、和平解决争端等原则。对于影响地区安全与稳定的南海问题，保持相对中立的态度，并试图发挥协调作用。印度尼西亚国防部长在2015年10月的北京"香山论坛"上公开表示，东南亚问题要在东南亚内部、由本地区国家自

① 《习近平分别会见印度尼西亚总统、加拿大总理、泰国总理和新加坡总理》，《人民日报》，2014年11月10日。

② 《习近平同印度尼西亚总统佐科会谈》，《人民日报》，2015年3月27日。

③ 《对外投资合作国别(地区)指南　印度尼西亚(2016年版)》，第3、4页；中国外交部网站关于印尼的介绍。

已解决。[①]

(4) 引资力度加大,经贸合作基础良好,产业园区建设可为支撑,潜力大。

印度尼西亚力争使利用外资的规模从2014年的292亿美元增加到2019年的777亿美元,平均利用外资增速15.4%。[②]据中国商务部统计,2015年中国对印度尼西亚直接投资流量14.51亿美元;中国企业在印度尼西亚新签承包工程合同432份,达74亿美元,完成营业额48.2亿美元;年末在印度尼西亚劳务人员1.38万人。[③]目前,在印度尼西亚的中资企业已超过1 000家;2016年,中国从2015年印度尼西亚的第九大投资来源国跃升为印度尼西亚第三大投资来源国。

印度尼西亚与中国的双边贸易于2020年要达到1 500亿美元。根据其中央统计局的数据,2010年到2016年,印度尼西亚与中国的双边货物贸易额由361.2亿美元提高为475.9亿美元,占印度尼西亚对外贸易总额的17%,成为印度尼西亚第一大贸易伙伴;其中,2016年印度尼西亚对中国出口167.9亿美元,占印度尼西亚出口总额的11.6%,中国超越美国、日本成为印度尼西亚第一大出口目的地;印度尼西亚从中国进口308.0亿美元,占印度尼西亚进口总额的22.7%,中国是印度尼西亚的第一大进口来源地;印度尼西亚对中国的贸易逆差由2010年的47.3亿美元扩大为140.1亿美元,中国为印度尼西亚的第一大逆差来源国。需要注意的是,印度尼西亚位列越南、马来西亚、泰国、新加坡之后仅为中国在东盟的第五大贸易伙伴,潜力尚待进一步挖掘。

2013年《中印尼全面战略伙伴关系未来规划》明确,双方将探讨在印度尼西亚六大经济走廊框架下开展经济合作。[④]《关于印尼—中国综

---

① 《印度尼西亚防长:各国在南海行为要符合准则》,中评社北京,2015年10月17日电。

② 《对外投资合作国别(地区)指南　印度尼西亚(2016年版)》,第16页。

③ 除特别注明外,中国与相关国家的贸易投资数据来源于中国商务部网站。

④ 《中印尼全面战略伙伴关系未来规划》,《人民日报》,2013年10月4日。

合产业园区的协定》《中印尼基础设施与产能合作谅解备忘录》分别在2013年、2015年签署。截至目前,中国与印度尼西亚的产能合作已取得一定成果。仅以产业园区这一最利于规避风险的合作平台为例,广西农垦集团有限责任公司的中国·印尼经贸合作区、上海鼎信投资(集团)有限公司的中国·印尼综合产业园区青山园区、天津聚龙集团的中国·印尼聚龙农业产业合作区均位列已通过确认考核的20家国家级境外经贸合作区之中。其不但有利于印度尼西亚产业的集中发展和区域发展战略的实施,而且有助于它“以点带线、以线带面”辐射作用的发挥,可产生积极的示范效应。

2. 印度尼西亚可供选择的节点港口

印度尼西亚有各类港口约670个、主要港口25个,①是名副其实的东南亚海上大国。但较之周边的东盟成员国新加坡、马来西亚,印度尼西亚的港口基础设施普遍相对较差,运作效率也有待提高,这反而成为限制自身经济进一步发展的瓶颈。

根据计划,印度尼西亚到2019年将兴建24个大型港口;政府希望能够尽快扩大港口的货物处理能力,解决因装卸能力不足所导致的货物滞留问题,使港口发展与国家整体经济相匹配。②结合印度尼西亚的“海洋强国计划”“海上高速公路”建设,尤其是平衡区域发展、发挥地区优势的“六大经济走廊”战略及其各自定位,笔者认为,分别位于巽他海峡、龙目海峡这两个可分散马六甲海峡风险的海上要道的丹戎不碌(Tanjung Priok)和丹戎佩拉(Tanjung Perak),可供选择作为与印度尼西亚共建“21世纪海上丝绸之路”的节点港口。在《劳氏日报》2015年公布的全球百强集装箱港口排名中,二者分列第22位、45位。③

---

①② 《对外投资合作国别(地区)指南 印度尼西亚(2016年版)》,第18页。

③ 参见《全球100大集装箱港口排名出炉 中国24港口上榜》,中国海事服务网,2015年12月16日。

(1) 丹戎不碌港。

丹戎不碌是印度尼西亚最大的国际港。根据《劳氏日报》排名,其2014年的集装箱吞吐量为650.4万标箱。

丹戎不碌港[①]位于爪哇岛西北部,是印度尼西亚首都雅加达的外港。西距巽他海峡70海里。而巽他海峡是苏门答腊岛和爪哇岛之间的狭窄水道,沟通太平洋的爪哇海与印度洋,是北太平洋国家通往东非、西非或绕道好望角到欧洲的航道之一。新丹戎不碌港是印度尼西亚兴建24个大型港口的重点项目,项目完成后预计吞吐能力将提高75%,可竞争地区性中心港口地位。目前经丹戎不碌港进口的货物约40%来自中国,中远、中海、招商局集团曾组成联合体参与码头招标。[②]而中国·印尼经贸合作区设在首都雅加达东部37公里处的绿壤国际工业园内,有利于港、产、城联动效应的发挥。

(2) 丹戎佩拉港。

丹戎佩拉是印度尼西亚的第二大港口。根据《劳氏日报》排名,其2014年的集装箱吞吐量为310.6万标箱。

丹戎佩拉港位于爪哇岛东北岸,是泗水的外港。东至龙目海峡230海里。而龙目海峡在巴厘岛和龙目岛之间,北接太平洋的巴厘海、南通印度洋,可通行载重20万吨以上的大型船只,是印度尼西亚群岛各海峡中最安全的天然航道。随着马六甲海峡的日渐拥堵和流沙及淤泥带来的航道改变,很多大型船舶或主动或被动地选择绕行龙目海峡。

需要注意的是,根据2013年10月《中印尼全面战略伙伴关系未来规划》,印度尼西亚希望中国企业在爪哇和巴厘以外的地区投资建设综合产业园区。就这一角度而言,也需要给予同样具有地理优势的苏门答腊岛和加里曼丹岛上的相关港口密切的关注。前者扼守马六甲海峡、东

① 除特别注明外,港口基本情况参见航运在线网站。

② 航宇:《印尼海洋战略对接中国"一带一路"》,《第一财经日报》,2015年9月2日;韩立群:《东南亚港口建设的竞速时代》,《瞭望》,2016年2月1日。

南临巽他海峡，且经济地位仅次于爪哇岛；后者为绕道龙目海峡和巽他海峡的必经之地。据2015年12月印度尼西亚媒体报道，印度尼西亚政府拟在北苏门答腊省附近建设瓜拉丹绒港，预计2017年正式投运，建成后将成为印度尼西亚西部地区及马六甲海峡周边最大港口。[①]印度尼西亚政府已在2017年5月的“一带一路”国际合作高峰论坛上明确提出合作开发瓜拉丹绒港的建议。

二、马来西亚及其节点港口

马来西亚位于东南亚的核心地带。作为东盟五个创始成员国之一，其既是第一个与中国建交的东盟国家，也是第一个邀请中国加入“10＋1”、东亚峰会的国家，更是最早响应“一带一路”倡议并在共建中取得丰硕的早期成果的国家。[②]

1. 马来西亚作为“21世纪海上丝绸之路”支点国家的优势

郑和七次下西洋，五次驻扎马六甲。选择马来西亚作为“21世纪海上丝绸之路”的支点国家，主要基于以下几方面的考虑。

(1) 与中国关系一直走在东盟国家前列，战略对接意愿强，参与共建热情高。

2013年10月，中马决定将两国关系提升为“全面战略伙伴”。习近平主席在2014年5月同纳吉布总理会谈时表示，应进一步提升战略合作水平，使中马关系在本地区继续发挥示范引领作用；纳吉布总理强调，中国是马来西亚可以信赖的朋友。[③]他还在2015年11月表示，马中关系正处于历史最好时期。[④]2016年11月《中马联合新闻声明》指出，马

① 《印尼瓜拉丹绒港建成后将成为马六甲海峡最大港口》，中国驻印尼大使馆经商参处，2015年12月9日。

② 《习近平会见马来西亚总理纳吉布》，《人民日报》，2017年5月14日。

③ 《习近平同马来西亚总理纳吉布会谈》，《人民日报》，2013年10月5日。

④ 《习近平会见马来西亚总理纳吉布》，《人民日报》，2015年11月18日。

来西亚高度重视其作为中国"一带一路"倡议沿线重要国家的地位。[①]

马来西亚"2020 宏愿"提出，到 2020 年使马来西亚人均收入达到 1.5 万美元，建成发达的工业化国家。[②]目前，处于经济转型之中的马来西亚正在实施第 11 个五年计划(2016—2020 年)，努力使增长惠及人民；其与共建"21 世纪海上丝绸之路"有诸多契合之处，尤其是互联互通计划。习近平主席在 2017 年 5 月会见纳吉布总理时强调，积极对接"21 世纪海上丝绸之路"和马来西亚经济转型计划。[③]纳吉布总理不仅在 2014 年 5 月访华时明确表示，马方愿积极参与建设"21 世纪海上丝绸之路"和 AIIB；还在 2017 年 5 月出席"一带一路"国际合作高峰论坛期间表示，愿推进"两国双园"项目、铁路等基础设施建设合作，为"一带一路"建设注入新动力。[④]

(2) 毗邻马六甲海峡，陆海直通，极具地缘战略意义。

马来西亚以南中国海为界分成东西两部分。西马位于马来半岛南部，北与泰国接壤，南临柔佛海峡与新加坡相望，西濒马六甲海峡。可成为进入东盟市场和前往中东、澳、新的桥梁。[⑤]

马来西亚与新加坡同样毗邻咽喉要道马六甲海峡。在政府的大力推动下，马来西亚的港口整体发展迅速，转口功能日益提升。更为重要的是，西马北部与泰国接壤，可通过陆路直接与中国联通，是泛亚铁路的重要组成部分；不经马六甲海峡就能直达印度洋，有助于化解"马六甲困境"。

(3) 政治动荡风险低，坚持通过对话磋商和谈判解决南海问题，具有党际交流新渠道。

民族关系融洽、三大种族和谐相处、政治动荡风险低，是马来西亚投

---

① 《中华人民共和国和马来西亚联合新闻声明》，《人民日报》，2016 年 11 月 4 日。

② 商务部国际贸易经济合作研究院等：《对外投资合作国别(地区)指南　马来西亚(2016 年版)》，第 19 页。

③ 《习近平会见马来西亚总理纳吉布》，《人民日报》，2017 年 5 月 14 日。

④ 《习近平会见马来西亚总理纳吉布》、《李克强分别会见巴基斯坦总理、马来西亚总理、西班牙首相和希腊总理》，《人民日报》，2014 年 5 月 31 日、2017 年 5 月 14 日。

⑤ 《对外投资合作国别(地区)指南　马来西亚(2016 年版)》，第 3 页，"参赞的话"。

资环境的五大竞争优势之一。[①]

马来西亚奉行独立自主、中立、不结盟的外交政策。虽为南海岛屿和周边海域主权的声索国,但态度相对较为温和。2014 年 5 月,纳吉布总理访华时明确表示,有关声索应通过直接沟通、对话,妥善处理分歧。[②]中马两军还分别于 2014 年 12 月、2015 年 9 月进行首次联合桌面推演和实兵演练。

作为马来西亚的三大族群之一的华人,在 2014 年约占全国人口的 21.8%,已全面融入马来西亚的经济、生活和文化等各个领域。最大的华人政党马华公会是马来西亚执政党联盟中的重要一员。2014 年 7 月,马华公会与中国共产党签署合作交流备忘录,而推进“一带一路”建设正是双方开展合作的重要议程。除与中国经济联络中心联合举办“一带一路”中国—马来西亚工商界对话会外,马华公会还设立了“‘一带一路’一站式资讯中心”。

(4) 营商环境良好,是中国在东盟最重要的贸易伙伴,“两国双园”项目已成经贸合作创新发展的典范。

世界经济论坛《2015—2016 年全球竞争力报告》显示,在 140 个国家和地区中马来西亚位居第 18 位;根据世界银行《2016 年营商环境报告》,全球 189 个经济体中马来西亚排名第 18 位,在东盟经济体中仅次于新加坡。

中国是马来西亚的第一大贸易伙伴、第二大出口市场和第一大进口来源地。据马来西亚统计局统计,2010 年到 2016 年,马中双边货物贸易额由 457.5 亿美元提高到 581.1 亿美元,占对外贸易总额的 16.2%;其中,2016 年马来西亚对中国出口 237.6 亿美元,占出口总额的12.5%,仅次于新加坡;马来西亚从中国进口 343.5 亿美元,占进口总额的

① 《对外投资合作国别(地区)指南　马来西亚(2016 年版)》,第 17 页。
② 《习近平会见马来西亚总理纳吉布》,《人民日报》2014 年 5 月 31 日。

20.4%;马来西亚对中国贸易由2010年的顺差43.9亿美元转为2012年的逆差9.9亿美元,并持续扩大为2016年的逆差105.9亿美元。

外商投资已成为马来西亚经济发展的重要推动因素。根据其投资发展局的统计,2015年批准的中国企业在马来西亚制造业的投资总额为4.36亿美元,中国位居马来西亚批准的制造业投资来源国第四位。[①] 中国商务部的统计数据显示,2015年中国企业在马来西亚新签承包工程合同317份,合同金额71.98亿美元,完成营业额35.62亿美元;年末在马来西亚劳务人员1.46万人。《关于加强产能与投资合作的协定》和《关于进一步推进中马经贸投资发展的合作计划》已于2015年签署。

中马钦州产业园和马中关丹产业园,是中国政府支持的首个以"两国双园"模式展开双边经贸合作的项目,分别于2012年4月、2013年2月启动。习近平主席于2013年10月访马时建议,将钦州、关丹产业园区打造成两国投资合作旗舰项目,带动两国产业集群式发展;他还在2014年11月会见纳吉布总理时进一步提出,要对接各自发展战略,将钦州、关丹产业园区打造成中国—东盟合作示范区。[②]截至2015年6月,"两国双园"已初具规模;首个入驻关丹产业园的总投资80亿元人民币的现代钢铁项目已开工,其年产量为350万吨,投产后将成为马来西亚最大钢厂和东盟首家生产H型钢的钢铁厂,可为当地创造4 000个就业岗位。[③]在2016年5月举行的第二届马中"两国双园"联合推介会上,又有包括中马科技园创新基地、中药民族药研发、棕榈油产业链代加工与销售、关丹铝加工等一批重大项目签约。[④]

2. 马来西亚可供选择的节点港口

马来西亚的海岸线总长4 192千米。政府以最终取代新加坡成为

---

① 《对外投资合作国别(地区)指南　马来西亚(2016年版)》,第30页。

② 《习近平同马来西亚总理纳吉布会谈》、《习近平分别会见韩国总统、越南国家主席、文莱苏丹、马来西亚总理、巴布亚新几内亚总理和日本首相》,《人民日报》,2013年10月5日、2014年11月11日。

③ 潘强:《中马"两国双园"打造4.0版自贸区产业园》,新华网南宁,2015年7月28日电。

④ 张志文:《中马"两国双园"联合推介会在吉隆坡举行》,《人民日报》,2016年6月1日。

东南亚地区最重要的枢纽港口为努力目标，大力发展海洋运输和港口建设。就目前而言，马来西亚是除新加坡外东盟国家中港口业发展相对较发达的国家。在《劳氏日报》2015 年公布的全球百强集装箱港口中，巴生港(Port Klang)、丹戎帕拉帕斯港(Port Tanjung Pelepas)、槟城港(Penang)分列第 12、18 和 98 位。

需要强调的是，中马两国间港口联盟合作谅解备忘录已于 2015 年 11 月签署，它是双方在港口合作领域签订的首个合作文件。该项合作是马来西亚深度参与共建“21 世纪海上丝绸之路”的重要举措。①2016 年 11 月《中马联合新闻声明》指出，支持中马港口联盟发展，实现“21 世纪海上丝绸之路”愿景。②

通过对各种因素的综合考虑，我们认为，在既有港口中位于马来半岛西海岸的巴生港、丹戎帕拉帕斯港和东海岸的关丹港可供选作与马共建“21 世纪海上丝绸之路”的节点港口。此外，正在规划建设中的同样位于马来半岛西侧的马六甲皇京港也可供选择。

(1) 巴生港。

巴生港是马来西亚最大的国际港。根据《劳氏日报》排名，其 2014 年的集装箱吞吐量为 1 094.6 万标箱。

巴生港位于马六甲海峡的东侧、靠近中部之处，为首都吉隆坡的外港；拥有优良的深水码头泊位，可停靠最大吨位的货船，为远东至欧洲贸易航线的主要停靠港之一。已与中国的宁波、上海、天津、厦门、广州、海口、青岛等缔结友好港。马来西亚交通部部长廖中莱在 2016 年 7 月表示，由于 70％至 80％航经马六甲海峡的船只的目的地是中国，马方计划与中国合资建设巴生第三港口。③巴生港自由贸易区国际贸易与清真产业中心已于 2015 年 6 月正式启动。

---

① 任为民：《中马签署港口联盟合作文件　打造海上丝路互联互通网络》，《中国交通报》，2015 年 11 月 25 日。

② 《中华人民共和国和马来西亚联合新闻声明》，《人民日报》，2016 年 11 月 4 日。

③ 欧贤安：《马来西亚邀中国合建马六甲港口》，《环球时报》，2016 年 7 月 5 日。

(2) 丹戎帕拉帕斯港。

成立于 1999 年的丹戎帕拉帕斯港是马来西亚的第二大集装箱港，是政府为阻止货物经新加坡中转而精心打造的定位为中转港的专业集装箱枢纽港。集装箱吞吐量在 2000 年还仅为 41.8 万标箱，到 2014 年就已达 855 万标箱。

丹戎帕拉帕斯港位于马来半岛西南端，恰好处于东西向和南北向国际主干航线的交叉点，距新加坡港仅 40 千米。水深条件优越，宽度也足够让船舶调头。[①]有南北高速公路直通泰国边界，港口铁路与马来西亚国家铁路枢纽相连接。

(3) 关丹港。

关丹港位于马来半岛东部彭亨州，为新建深水港，是西马东海岸第一座可供船舶全年进出的港口和最重要的物流中心。现正扩建，完成后将成为西马东海岸规模最大的港口。

之所以选择其作为节点港口，除因为它在西马东海岸以外，更多的是考虑马中关丹产业园区的建设与发展。为更好实现"两国双园"的互通互动，关丹港—中国钦州港集装箱直航航线于 2015 年 2 月开通，货物运输耗时因此由原来的经深圳或香港中转的 10 天缩短为 4 天。广西北部湾国际港务集团还在 2015 年 4 月通过股权收购成为关丹港的股东，目前正与马方股东一起对港口进行升级改造，建设新的深水码头港区，提高港口的吞吐能力及效率；经过一年多的合作，吞吐量和营业收入均已翻番。[②]

(4) 规划建设中的马六甲皇京港。

规划建设中的马六甲皇京港已被马来西亚中央政府命名为国家发展项目，并得到中国中央和地方两级政府的大力支持与协助，中国电建集团国际工程有限公司为合作建设方。其 30 米的深水通道，无论在马

① 高洁等：《马来西亚丹戎帕拉帕斯港的发展给我国港口的启示》，《水运管理》，2003 年第 10 期，第 14 页。

② 潘强：《中马"两国双园"打造 4.0 版自贸区产业园》，新华网南宁，2015 年 7 月 28 日电；林昊：《中马"两国双园"在马来西亚举行联合推介会》，新华社吉隆坡，2016 年 5 月 31 日专电。

来半岛还是新加坡都极为少有。马六甲州政府还在2016年中国—东盟博览会主办“投资马六甲论坛”，重点推介“皇京港”项目。中马广东—马六甲海洋工业园也是马六甲州的重点建设项目。[①]

三、泰国及其节点港口

泰国地处沟通东盟新成员和老成员的中心位置，是第一个同中国签署“关于21世纪合作计划联合声明”并推进战略性合作的东盟国家。

1. 泰国作为“21世纪海上丝绸之路”支点国家的优势

中泰两国关系是不同社会制度国家间和睦相处、互利合作、共同发展的典范。[②]选择泰国作为“21世纪海上丝绸之路”的支点国家，主要基于以下几方面的考虑。

(1)“中泰一家亲”，双方强调经济外交，战略对接意愿强，泰国的方式对东盟国家具有引领作用。

泰国独立自主的全方位多元化外交政策富有灵活性。其不仅是美国的“非北约主要盟国”，还积极改善与周边国家关系，注重发展与日本、印度等大国关系。对中国在中南半岛的经济合作，可起到解疑释惑、减少误读错判的作用，尤其是美日的猜忌。

泰国强调经济外交，对华友好；与中国不存在任何的领土争端，在东盟国家中第一个同中国建立防务安全磋商机制。2012年4月，中泰两国建立全面战略合作伙伴关系；2013年10月李克强总理访问泰国时强调，中泰关系已超越双边范畴，对中国同东盟国家的关系发展起到重要引领作用；[③]《中泰关系发展远景规划》发布。2014年11月，泰国总理巴育来华参加APEC会议时表示，泰国正在探索走符合国情的发展道路，希望同中国交流互鉴，深化合作，特别是借助“一带一路”建设，推进农

---

① 王克础：《“投资马六甲论坛”举行》，《广西日报》，2016年9月12日；《欢迎广东投资者参与马六甲港口开发》，《南方日报》，2015年11月1日。

② 宁赋魁：《“中泰一家亲”深入人心(大使随笔)》，《人民日报》，2013年10月12日。

③ 李克强：《让中泰友好之花结出新硕果——在泰国国会的演讲》，《人民日报》，2013年10月12日。

业、铁路方面的合作,促进地区互联互通。[①]同年 12 月《中泰联合新闻公报》明确,泰方支持中国共建"一带一路"倡议,支持中国通过基础设施建设合作推进地区互联互通。[②]双方还签署了《关于在泰国 2015 年至 2022 年交通运输基础设施发展战略框架下开展铁路基础设施建设合作的谅解备忘录》。

(2) 泰国地处"陆上东盟"与"海上东盟"的重要交汇点,陆海直通,可直抵印度洋出海口,具有地缘战略意义。

泰国地处中南半岛中部,为柬埔寨、老挝、缅甸、马来西亚所环绕;东南临太平洋泰国湾,西南濒印度洋安达曼海;是东南亚岛屿国家通向中南半岛国家的门户。

泰国最重要的地缘战略优势在于,其不仅可以通过海路直达中国,还能够通过陆路经老挝、缅甸与中国连通;在泛亚铁路规划中,泰国是中国便捷到达马来西亚、新加坡的通道,中国可借此直抵印度洋出海口,化解"马六甲困境"。

(3) 社会总体稳定,"早期收获计划"先行先试;中国为其最大贸易伙伴,境外经贸合作区发展良好。

经济增长前景良好、市场潜力大和政策透明度、贸易自由化程度较高,是泰国投资环境具有的两个竞争优势。[③]世界经济论坛《2015—2016 年全球竞争力报告》显示,在 140 个国家和地区中泰国位居第 32 位。根据世界银行《2016 年营商环境报告》,全球 189 个经济体中泰国排名第 49 位。

泰国是第一个同中国实现蔬菜、水果零关税安排的东盟国家;通过先行先试,对随后实施的中国—东盟 FTA"早期收获计划"起到一定的示范作用。

---

① 《习近平分别会见印度尼西亚总统、加拿大总理、泰国总理和新加坡总理》,《人民日报》,2014 年 11 月 10 日。

② 《中华人民共和国政府和泰王国政府联合新闻公报》,《人民日报》,2014 年 12 月 24 日。

③ 商务部国际贸易经济合作研究院等:《对外投资合作国别(地区)指南 泰国(2016 年版)》,第 15 页。

中国是泰国的第一大贸易伙伴、第二大出口市场和第一大进口来源地。据泰国海关统计，2010 年到 2016 年，泰中双边货物贸易额由 459.9 亿美元提高为 658.4 亿美元，占泰国对外贸易总额的 16.1%，中国在 2013 年超越日本成为泰国的第一大贸易伙伴；其中，2016 年泰国对中国出口 235.8 亿美元，占泰国出口总额的 11%，中国在 2015 年是泰国仅次于美国的第二大出口目的地；泰国从中国进口 422.6 亿美元，占泰国进口总额的 21.6%；泰国对中国的贸易逆差由 2010 年的 30.5 亿美元持续扩大为 186.8 亿美元。需要注意的是，双方并未实现 2015 年双边贸易额 1 000 亿美元的目标，潜力仍待进一步挖掘。

中国在泰国的投资，不但项目数量有所增加，而且有越来越多的大企业投资建厂，其中实业类投资占 80%以上。2014 年中国是泰国的第六大外资来源地。①中国商务部的统计数据显示，2015 年中国企业在泰国新签承包工程合同 172 份，合同金额 39.65 亿美元，完成营业额 28.1 亿美元；年末在泰国劳务人员 3 688 人。截至 2015 年末，中国对泰国直接投资存量 34.4 亿美元。

中国在泰国设立的境外经贸合作区包括位于安美德城市工业园内的泰中罗勇工业园和甲民武里工业园内的泰国湖南工业园。前者主要吸引汽配、机械、建材、家电和电子等有比较优势的中国企业入园，是中国企业在境外设立的首个综合性工业园和中国政府认定的首批境外经贸合作区，目前园内有 70 家企业。②

(4) 以铁路合作为标志的互联互通、以澜湄合作机制为代表的次区域经济合作，具示范效应，可以双边促多边。

泰国是中南半岛上实力最雄厚、影响力最大的国家。中泰互联互通不仅可提升泰国的地区枢纽地位，还能使泰国起到积极的促进作用和示范效应。

---

① 《对外投资合作国别(地区)指南 泰国(2015 年版)》，“参赞的话”。

② 参见泰中罗勇工业园网站。

泰国铁路系统相对较为落后。政府已为今后 10 年制订总金额达2 万亿泰铢的基础设施发展计划。[①]早在 2011 年,中泰《关于可持续发展合作谅解备忘录》就将铁路列为四大合作项目之一;2014 年签署的中泰铁路合作谅解备忘录开启了两国铁路合作进程。尽管目前还是波折不断,但无论如何,中泰铁路合作项目的启动仪式也已在 2015 年 12 月举行。

泰国和中国不仅同为大湄公河次区域经济合作(GMS)的成员,还在 2015 年 11 月会同澜沧江—湄公河沿岸的其他四个东盟成员国推动建立了澜湄合作机制,并已于 2016 年 3 月启动该机制,成为中国—东盟次区域合作的重要成果。而互联互通和产能、跨境经济正是澜湄合作现阶段的优先方向之一;其一致同意采取的 26 项措施中就包括鼓励中国"一带一路"倡议与澜湄合作活动和项目对接。李克强总理在会见巴育总理时明确表示,将澜湄合作打造成次区域合作的典范。[②]

2. 泰国可供选择的节点港口

就目前而言,泰国共有 122 个港口码头,其中 8 个为国际深水港。[③]在《劳氏日报》2015 年公布的全球百强集装箱港口中,廉差邦港(Laem Chabang)、曼谷港(Bangkok)分列第 21、89 位。

泰国将升级现有港口,并在周边地区设立经济特区;从 2016 年至 2020 年,泰国港务局计划投资 1 200 亿泰铢,其中包括投资建设多个港口。[④]同样通过对各种因素的综合考虑,我们认为,在既有港口中东海岸的廉差邦港、南海岸的宋卡港可供选作与泰国共建"21 世纪海上丝绸之路"的节点港口;如果统筹考虑克拉地峡,拉农府的港口也可是一个选择。

(1) 廉差邦港。

廉差邦港是泰国最大的深水港。根据《劳氏日报》排名,其 2014 年

---

① 黄艳梅:《泰国商务部副部长:将推动"一带一路"基础设施建设》,中新网南宁,2016 年 5 月 26 日电。

② 《李克强分别会见泰国总理、柬埔寨首相、老挝总理、缅甸副总统、越南副总理》,《人民日报》,2016 年 3 月 24 日。

③ 《对外投资合作国别(地区)指南 泰国(2016 年版)》,第 20 页。

④ 黄艳梅:《泰国商务部副部长:将推动"一带一路"基础设施建设》,中新社南宁,2016 年 5 月 26 日电。

的集装箱吞吐量为658.3万标箱。

廉差邦港位于泰国中部曼谷湾东岸、泰国湾北部沿海，距曼谷港约60海里。根据泰国对五大港口发展战略的调整①，廉差邦港继续扩建提高吞吐量，以适应今后8—10年集装箱运输数量的增长。选择其作为节点港口，更多是因为距离它仅有27千米的泰中罗勇工业园的发展。

(2) 宋卡港。

宋卡港是1988年兴建的国际贸易港口。位于泰国南部马来半岛的东北沿海，濒泰国湾的西南侧，是泰国南部的经济、文化和交通中心。

选择其作为节点港口，主要是因为在泰国政府于2014年底推出的重要经济发展战略“设立边境经济特区”中，宋卡府为首批五个边境经济特区之一。2015年10月的报道显示，宋卡港还是泰国计划在南部建设的两座深水海港之一。②

(3) 拉农港。

拉农港位于泰国南部、印度洋安达曼海东侧、马来半岛中部克拉地峡之处。根据泰国对五大港口发展战略的调整，拉农港拟发展为专业的集装箱装卸码头，并努力提升为通往安达曼海的门户港口，希望通过安达曼海沿岸海运线加强沿岸国家港口的连接，并且与泰国湾沿岸海运贯通。③

第四节 促进东南亚区域经济合作共建“21世纪海上丝绸之路”

推动共建“一带一路”的《愿景与行动》指出，“共建‘一带一路’旨在……开展更大范围、更高水平、更深层次的区域合作，共同打造开放、

① 《泰积极调整港口码头功能迎接东盟一体化》，中国驻清迈总领馆经济商务室，2014年10月29日。

② 王天乐等：《泰国发展战略对接“一带一路”》，《人民日报》，2015年7月20日；《泰国南部建2座海港交通部加紧公关》，中国驻宋卡总领馆经济商务室，2015年10月19日。

③ 《泰积极调整港口码头功能迎接东盟一体化》，中国驻清迈总领馆经济商务室，2014年10月29日。

包容、均衡、普惠的区域经济合作架构";"积极利用现有双多边合作机制,推动'一带一路'建设,促进区域合作蓬勃发展"。[①]习近平主席在2017 年 5 月的"一带一路"国际合作高峰论坛上进一步强调,推动自由贸易区建设,建设"一带一路"自由贸易网络。[②]

目前"21 世纪海上丝绸之路"沿线既有的以东盟为核心的东南亚区域经济合作机制,主要包括正在进行谈判的制度化合作 RCEP 和在东亚区域经济合作中起主导作用的"10+3"。从推动区域经济合作的角度看,RCEP 和"10+3"与"21 世纪海上丝绸之路"的共建完全可并行不悖,相互促进,互为基础与支撑。

一、东南亚区域经济合作与共建"21 世纪海上丝绸之路"的关系

RCEP 和"10+3"作为"21 世纪海上丝绸之路"沿线最具代表性的区域经济合作机制,能够通过与"21 世纪海上丝绸之路"的对接,互为落脚点,更为充分地发挥制度化安排与功能性合作应有的积极作用和互动效应,更好地推动"21 世纪海上丝绸之路"的共建;而"21 世纪海上丝绸之路"建设的不断推进,也会对 RCEP 的构建和"10+3"的深化形成积极的推动力量。

1. RCEP 和"10+3"对共建"21 世纪海上丝绸之路"的促进作用

就 RCEP 制度化合作而言,一旦能够达成协定并落地实施,不但其规则约束能够为共建"21 世纪海上丝绸之路"提供强有力的制度保障,而且使"21 世纪海上丝绸之路"建设就此拥有一个覆盖更为广泛也更具约束性的多边合作平台。RCEP 不仅聚焦于"21 世纪海上丝绸之路"建设的"贸易畅通",关注"资金融通",致力于推动贸易投资的自由化便利

---

① 《推动共建丝绸之路经济带和 21 世纪海上丝绸之路的愿景与行动》,《人民日报》,2015 年 3 月 29 日。

② 习近平:《携手推进"一带一路"建设——在"一带一路"国际合作高峰论坛开幕式上的演讲》,《人民日报》,2017 年 5 月 15 日。

化，还强调经济技术合作、缩小发展差距。这也是它有别于TPP的一大特色。其同样与"21世纪海上丝绸之路"建设相契合，所取得的每一进步也是对"21世纪海上丝绸之路"建设的积极推进。就"10＋3"功能性合作而言，业已形成的覆盖24个领域的68个不同层次的对话与合作机制，本身就是"21世纪海上丝绸之路"建设在东南亚区域推进的既有基础和可以善加利用的平台，从而使共建"21世纪海上丝绸之路"得以更好更快地推进。

2. 共建"21世纪海上丝绸之路"对RCEP和"10＋3"的推动作用

共建"21世纪海上丝绸之路"可以为RCEP的构建、"10＋3"的深化提供更为广泛的合作基础、更为广阔的空间和更为强劲的动力。首先，"21世纪海上丝绸之路"的"政策沟通""民心相通"，可增强区域认同，夯实构建RCEP、深化"10＋3"的基础支撑。其次，"21世纪海上丝绸之路"的"贸易畅通""资金融通"，可更好地推进RCEP、"10＋3"的贸易投资自由化便利化，拓展区域经济一体化的关键平台。2017年5月"一带一路"国际合作高峰论坛专门发布《推进"一带一路"贸易畅通合作倡议》。再次，"21世纪海上丝绸之路"的"设施联通"，可缩小RCEP、"10＋3"内部的发展差距，促进经济合作目标的更好实现。最后，"21世纪海上丝绸之路"建设可争取更多国家的支持，减少RCEP构建、"10＋3"深化的外部阻力。

需要强调的是，随着"21世纪海上丝绸之路"建设的不断推进，为更加顺利地推进合作进程、更好地保护合作利益，除借助既有合作机制与平台外，也会在合作中自然而然地产生共建机制与平台。如澜沧江—湄公河沿岸六国推动的澜湄合作机制。二者的相互促进、互为补充同样也体现于此。

二、进一步推动东南亚区域经济合作　共建"21世纪海上丝绸之路"

RCEP谈判正处于攻坚克难的关键时期，"10＋3"的深化发展亟需实质性推动。可从如下几方面入手,继续坚持"10+3"主渠道地位,全力推进RCEP,形成功能性合作与制度化安排对区域经济一体化的推进合力,尽最大可能达成预期,更好地促进"21世纪海上丝绸之路"的共建。

1. 在尊重东盟中心地位的前提下,尽可能发挥中国的助推作用

任何有可能动摇东盟主导地位的言论和行为,都很可能加深东盟成员国的疑虑,进而使其放缓推进东亚区域经济一体化的步伐。"小马拉大车"也好,RCEP的构建和"10+3"的深化仍然需要东盟的牵头和协调。中国对RCEP谈判进程和"10+3"的主动推动,仍然必须正视这一现实,持续释放出支持东盟主导作用的诚意,通过加强与谈判各方的沟通来弥合分歧、解决难点,尽可能减少东盟的疑虑,切不可急躁冒进。

2. 渐进、灵活、适度地提高标准,适当地差别化,尽快达成协议

尽快结束RCEP谈判极为必要,不必刻意追求质量的一步到位、时间节点的一刀切。就像东盟与中国等的FTA升级一样,可在以后逐步提高标准并适时添加新的议题。但过犹不及,无论妥协、让步还是渐进、灵活,都应是在统一规则之下的一定范围内,并非毫无约束;并可通过收获早期成果进一步增加谈判的吸引力和内在动力。

3. 通过加强经济技术合作缩小发展差距,推动公平发展

这是包括RCEP、中国—东盟FTA在内的东南亚区域经济合作的重要特色。其不但有利于东南亚国家的整体性、包容性发展,而且与共建"21世纪海上丝绸之路"相契合。

4. 支持东盟经济共同体建设,积极打造CAFTA升级版,加快与东盟成员双边FTA的构建

无论RCEP的顺利推进,还是"10+3"的深化发展,都需要增加并充分发挥东盟的吸引力和凝聚力。东盟经济共同体建设,可在一定程度上减轻外部区域经济一体化对东盟成员的冲击与分化。《东盟经济共同体蓝图2025》和《东盟互联互通总体规划2025》与共建"21世纪海上丝绸之路”倡议有着诸多的契合之处。而CAFTA升级版、中国与东盟成员FTA的构建,则有利于扩大中国在东盟的政策选择空间和灵活性。事实上,东南亚国家对待共建“21世纪海上丝绸之路”的态度有别,参与程度也有差异。RCEP的谈判成员,无论日本还是韩国抑或印度,都在推进与东南亚地区的经济合作之时,采取了双边、多边双管齐下的策略,而中国截至目前仅同新加坡构建了双边FTA。

5. 加快中日韩FTA谈判进程,给予区域经济合作持续的压力和动力

这不仅有利于RCEP实质性谈判的推进,还有利于“10+3”功能性合作的发展,更有助于三国之间的政治互信;并可作为重要组成部分,进一步促进RCEP的构建和“10+3”的深化,进而推动“21世纪海上丝绸之路”的共建。

6. 管控风险,妥善处理敏感问题和海上分歧

敏感问题和海上分歧以及由此产生的互信危机,不仅是RCEP构建、“10+3”深化过程中不可忽视的干扰因素,也是“21世纪海上丝绸之路”建设能否在东南亚地区顺利推进并起到应有作用的重要因素。

第三章
砥砺前行:"21世纪海上丝绸之路"与南亚的区域合作

南亚地区是"一带一路"的重要区域。目前,"中巴经济走廊""孟中印缅经济走廊"是这一地区建设丝绸之路经济带的两个重要抓手。《推动共建"一带一路"的愿景与行动》中明确指出:"中巴、孟中印缅两个经济走廊与推进'海上丝绸之路'建设关联紧密,要进一步推动合作,取得更大进展。"印度洋是海上丝绸之路的必经之地,南亚地区印度洋沿海国家在推进海上丝绸之路建设中将发挥重要作用。

第一节 南亚联盟发展概况

一、南亚联盟发展历程

南亚主要是欧亚板块投射到印度洋的一块陆地,是亚洲的一个次区域(subregion),泛指喜马拉雅山脉以南的地域,有时亦包括东西部邻近的周边国家,总面积达495万平方千米(含阿富汗)。从测绘学角度来看,南亚以印度板块为主体,从海平面升起成为印度次大陆及兴都库什地区。按顺时针方向,环绕南亚的,从西到东,有西亚、中亚、东亚、东南亚及印度洋。南亚次大陆有16亿人口,超过世界人口的1/5,是世界上人口最密集的地域,但同时也是在非洲撒哈拉地区后全球最贫穷的地区之一。由于政治及宗教上的差别,当地的政局都不太稳定。印度和巴基斯坦亦因为这些原因而多次开战,孟加拉国、尼泊尔和斯里兰卡境内也因宗教冲突和政治斗争而不平静。整体来说该区域只有不丹和马尔代夫政局比较稳定。

南亚七国山水相连,在地理、历史和文化等方面有许多相似之处,又同属于发展中国家。该地区七国,不丹、孟加拉国、印度、马尔代夫、尼泊尔、巴基斯坦和斯里兰卡,总人口占世界人口的1/5,而国民生产总值仅占世界总产值的2%。此外,各国间边界纠纷、种族骚乱、河水分配、移民等问题不时引起国家间的紧张对峙,使整个地区的稳定和经济发展受到影响。由于“南南合作”的呼声不断高涨,地区合作作为一种集体自力更生的形式,在其他地区已显示出优越性。在这种情况下,南亚各国领导人认识到,南亚区域合作可以增进各国的相互了解和信任,有助于缓和本地区的局势,是促进本地区经济发展的必由之路。①

南亚区域合作的主张是已故孟加拉国总统齐亚·拉赫曼于1980年提出来的。这一倡议得到了其他六个南亚国家的重视和积极响应。1981年4月,七国外交秘书在斯里兰卡首都科伦坡举行第一次会议,会议认为区域合作和集体自力更生对于南亚各国是非常有益和必要的。会议确定了乡村发展、农业、人口控制、通讯和气象五个合作领域。

1985年12月8日,在孟加拉国首都达卡举行的第一次南亚七国首脑会议上,七国领导人本着求大同、存小异的精神,把分歧抛在一边,正式宣告成立南亚区域合作联盟。它的诞生标志着南亚区域合作进入了一个新的阶段,并为第三世界国家的“南南合作”注入了新的血液。②联盟总部设在尼泊尔首都加德满都。③

首次首脑会议,七国代表一致通过了《南亚区域合作联盟宪章》,发表了《达卡宣言》。这充分反映了七国领导人为加速本地区经济和社会发展的共同愿望。④根据宪章,联盟的性质是一个非政治性集团组织。

---

① 孙建波:《南亚区域合作联盟的历史与未来》,《南亚研究季刊》,2003(01),第29—34页。

② 马加力:《南亚区域合作联盟剖析》,《南亚研究季刊》,1986(03),第16—21,28页。

③ 王鸿余:《南亚区域合作联盟的成立及其影响》,《上海师范大学学报(哲学社会科学版)》,1986(04),第107—111页。

④ 锋君、唐璐:《南亚区域合作联盟发展趋势》,《南亚研究》,1987(03),第3,19—25页。

南盟的宗旨是:促进南亚各国人民的福祉并改善其生活质量;加快区域内经济增长、社会进步和文化发展,为每个人提供过上体面生活和实现全部潜能的机会;促进和加强南亚国家集体自力更生;促进相互信任和理解及对彼此问题的了解;促进在经济、社会、文化、技术和科学领域的积极合作和相互支持;加强与其他发展中国家的合作;在国际论坛上就共同关心的问题加强彼此合作;与具有类似目标和宗旨的国际及地区组织进行合作。①

《南盟宪章》特别规定了南盟应遵循的基本原则:①各级机构应在协商一致的基础上做出决定;②不审议双边和有争议的问题;③联盟框架内的合作应在尊重主权平等、领土完整、政治独立、不干涉别国内政和互惠互利的基础上进行;④联盟合作不应取代双边和多边合作,而是对其进行补充;⑤联盟合作不应与双边和多边义务相抵触。②

二、南亚联盟组织机构

南亚联盟是一个成熟的区域性国际组织,其组织结构包括:

峰会:南盟的最高权力属于各国元首和政府首脑参加的峰会。峰会每年举行一次,必要时可随时召开,轮流在各成员国举行。东道国元首或政府首脑担任会议主席。

部长理事会:由成员国外长组成,负责制定政策,审查区域合作进展情况,决定新的合作领域,并决定秘书长人选。每年召开两次会议。

常务委员会:由成员国外秘组成,负责全面监察和协调各项计划,核准项目和方案及其筹资方式,决定部门间优先事项,调集域内外资源,寻找新的合作领域等。

技术委员会:根据"南盟一揽子行动纲要",成立了农业与农村发展、

---

① 韦红:《20世纪60年代初东南亚地区主义发展受挫原因再思考》,《华中师范大学学报(人文社会科学版)》,2004(01),第83—87页。

② 刘艺:《历届南亚区域合作联盟首脑会议》,《当代亚太》,2004(02),第62页。

卫生与人口活动、妇青幼、环境与林业、科技与气候、人力资源开发、运输七个技术委员会。此后，南盟还设立了信息与通信技术、生物技术、知识产权、旅游、能源等五个工作组。

秘书处：南盟常设办事机构，负责南盟会务、成员国间及南盟与其他国际组织的交流与合作，协调和监督南盟各项活动的实施。

特别部长会议：迄今已就成员国共同关心的商贸、儿童、妇女、环境、残疾人、住房等领域问题分别举行过会议。

经济合作委员会：由成员国商务和贸易部秘书组成，已成为南盟处理经贸问题的核心机构。负责制定具体政策措施并监督实施，促进域内经贸合作。

区域中心：已分别设立了农业信息中心（达卡）、结核病中心（加德满都）、气象研究中心（达卡）、文献中心（新德里）、人力资源开发中心（伊斯兰堡）、海岸区域管理中心（马累）、信息中心（加德满都）、能源中心（伊斯兰堡）、灾害管理中心（新德里）、文化中心（科伦坡）和林业中心（廷布）。

近年来，南盟区域合作和对外开放步伐加快。2004 年第 12 届南盟峰会通过《南亚自由贸易区框架协定》，各国从 2006 年 1 月 1 日起开始逐步降低关税，7 年至 10 年内从当前的 30％左右降至 0—5％。2005 年第十三届峰会就发展区域经济、消除贫困、反恐、应对自然灾害等方面加强合作制定了 50 多条措施，宣布 2006 年至 2015 年为南盟“减贫十年”。峰会决定吸收阿富汗为新成员，并接纳中国、日本等国为观察员国。2007 年第十四届峰会决定加强基础设施、能源和经贸等领域合作，设立南亚大学、地区粮食银行和南盟发展基金。中国、日本、韩国、美国、欧盟等观察员首次派团出席峰会。2008 年，第十五届南盟峰会签署了南盟发展基金宪章、南亚地区标准组织协议、司法互助公约和阿富汗加入南亚自贸区议定书，修改了观察员指导原则，吸收澳大利亚和缅甸为观察员国。2010 年 4 月，第十六届南盟峰会发表了《廷布宣言》，签署了《关于气候变化的廷布声明》《南盟环境合作公约》《南盟服务贸易协定》等文件，宣布在廷布设立南盟发展基金秘书处。2011 年，第十七届南盟峰会强调加强区域联通，早日落实南亚自贸协定，推动地区经济一体化。南盟八国领导人签署了《应对自然灾害快速反应协定》《南盟种子银行协定》等四份合作文件。①

第二节 “21 世纪海上丝绸之路”在南亚面临的挑战

在南亚地区推行“21 世纪海上丝绸之路”倡议面临诸多挑战，对此，我们在战略上要保持清醒的头脑，在策略上要有有效的应对措施。

一、中国热情邀请印度加入“一带一路”倡议

中国邀请印度参加“一带一路”建设，包括关于倡议组成“跨孟加拉国、中国、印度、缅甸经济走廊”。印度没有清楚而明确地表示支持或反对“一带一路”设想，但印度高度关切海上丝绸之路的动向，推出了与“21 世纪海上丝绸之路”倡议差不多的“季风计划”(Mausam)。印度对斯里兰卡 2015 年 1 月的总统大选进行了干涉，主要是阻止支持“21 世纪海上丝绸之路”的“亲华”领导人连任。与中国外交政策持有的“不干涉内政”原则不同，印度外交政策中“不干涉内政”与“干涉内政”两大原则并存。②

中国官方已经在不同场合明确表示，中国努力将自身发展战略与亚洲区域合作以及他国的发展战略对接。尽管中国驻印度大使乐玉成公开表示期待“21 世纪海上丝绸之路”倡议与印度“香料之路”“季风计划”

① 朱颀：《南亚区域经贸合作发展绩效评价研究》，四川大学，2006 年。

② 陶亮：《“季节计划”、印度海洋战略与“21 世纪海上丝绸之路”》，《南亚研究》，2015(03)，第 95—110，157—158 页。

等相互对接，但印度官方的态度却一直“犹豫不决”“模棱两可”，未正面回应中方的提议，甚至不时传出一些不和谐的声音。①

二、印度对海上丝绸之路建设的犹豫不决

2014 年 6 月 24 日至 30 日，印度副总统穆罕默德·哈米德·安萨里(Mohammad Hamid Ansari)对中国进行访问。在访问的最后两天，中方曾向印方提出邀请，共建“一带一路”。但安萨里回答说：“我们要求更多的细节来全面地研究这项提议，”他还强调，“在友好和合作的框架下，我们应该清楚阐明各自观点，以免引发误解。”2015 年 4 月 3 日，印度产业政策促进部秘书艾米塔尔·康特(Amitabh Kant)接受中国媒体专访时也表示，“印度仍在等待‘一带一路’的具体细则。一旦具体细则公布，我们将进行研究和分析，判断印度的哪些行业将从中获益。”②印度外长苏诗玛·斯瓦拉吉(Sushma Swaraj)在被问及印度是否加入“一带一路”建设时回应说，印度不需要对中国的计划“无限制地支持”(blanket endorsement)，而应保持以协同为基础的支持(synergy-based endorsement)。印度官方立场依旧是期待“21 世纪海上丝绸之路”倡议有更多的细节。同时，苏诗玛强调，“印度对孟中印缅经济走廊和东盟互联互通有兴趣。”③

进入 2015 年下半年后，印度官方态度发生了转折变化。2015 年 6 月 20 日，印度外交秘书、前驻华大使苏杰生(Subrahmanyam Jaishankar)在接受采访时提到，“我们担心的是，‘一带一路’是中国的国家倡议，是中国设计并创造的蓝图。但它并不是一个中国与全世界，与其他感兴趣和受影响的国家讨论得出的国际倡议”；“国家倡议的设计是以国家利益为基础，其他国家没有义务接受它。我们认为，如果想要更多的国家

① 张文木：《从整体上把握中国海洋安全——“海上丝绸之路”西太平洋航线的安全保障、关键环节与力量配置》，《当代亚太》，2015(05)，第 88—106，158—159 页。

② 张洪雨：《海上丝绸之路背景下的境外枢纽港口选点分析》，大连海事大学，2015 年。

③ 赵泓博：《“21 世纪海上丝绸之路”对海洋强国战略的影响研究》，西北师范大学，2015 年。

接受,中国需要举行更大规模的讨论,而这种讨论现在还没有进行"。其实,中方此前已经多次邀请印度对"一带一路"倡议提出看法和建议。自 2013 年以来的中印高层会晤中,中方都诚挚邀请印度加入"一带一路"。有印度学者观察到,"印度被诚恳地邀请成为'一带一路'的一部分,但是迄今为止印度的反应冷淡"。

苏杰生的言辞及印度官方一贯的保守态度,表明印度方面顾虑颇多。一方面,印度认为,接受"21 世纪海上丝绸之路"的提议的确有利于其经济建设,不仅对"印度制造"政策的推进、基础设施的更新都能发挥推动作用,对印度实施"东进政策"(Act East Policy)、开发印度东北部地区也大有裨益。另一方面,印度认为中国的"一带一路"倡议是一项投资驱动的区域接触策略:在经济上,通过投资,扩大中国在周边地区的影响力;在外交上,有利于塑造中国正面积极的国际形象[①];在安全上,抵消奥巴马政府"亚太再平衡"战略施加的军事压力;在策略上,能够保障中国能源进口通道的安全。印度还认为,"21 世纪海上丝绸之路"可有效破解"珍珠链"理论,消除印度洋上的"中国威胁论",为中国参与沿线国家的海上基础设施建设提供合法性。

另外,印度特有的"大国心理"和"大国骄傲",使印度在看待中印互动时,容易从零和博弈的角度出发,认为中国在印度洋地区影响力的上升会直接导致印度在该地区领导力的下降。正如有印度学者指出的,印度将"21 世纪海上丝绸之路"视作中国民族主义的符号。即使是双赢的协议[②],印度人也不愿意屈从这样的安排。拉贾·莫汉也据此认为,"印度可能在两种竞争性概念中撕扯,一种是与中国在海洋领域合作,另一种是限制中国在印度洋的影响力的长期目标。"

印度的"三心二意""犹豫不决"使其成为中国周边邻国中对"一带一

① 陈万灵、吴旭梅:《海上丝绸之路沿线国家进口需求变化及其中国对策》,《国际经贸探索》,2015(04),第 87—100 页。

② 毛艳华、杨思维:《21 世纪海上丝绸之路贸易便利化合作与能力建设》,《国际经贸探索》,2015(04),第 101—112 页。

路”倡议反应最冷淡的大国。按照理性逻辑,中印建设计划对接有利于两国的根本利益,也有利于推进地区经济合作。但印度某种程度的心理偏见和零和博弈的思维定势,导致印度不能从理性的角度做出选择,这对中印建设计划对接起到了反向作为。如果印度不能改变态度,务实合作,接受中方的真诚邀请,中印建设计划对接可能还要经历较为曲折的过程。①

21 世纪海上丝绸之路、季风航线的复兴,与亚洲整体振兴密切相关,这本应是中印两国的共同梦想和共同事业。但印度的“犹豫不决”和“季风计划”存在的一些缺陷,导致中印发展计划对接存在重大的不确定性。如今,随着中国和印度的蓬勃发展,两国关系已超出双边范畴,具有日益重要的全球意义。通过深化中印合作,增加互信,双方应能克服建设计划对接层面面临的潜在挑战。

“孟中印缅经济走廊”就是“一带一路”南向发展的一条主通道。双方在联合声明中的措辞显然经过了仔细推敲,印度方面没有公开支持这条走廊建设,只是表达了欢迎和继续努力。

印度很清楚,中国在南亚地区的两条“一带一路”通道,一条是中国和巴基斯坦的“中巴经济走廊”,另一条就是涉及印度的“孟中印缅经济走廊”。对前者而言,印度显然谈不上喜欢,因为这不仅是巴基斯坦发展经济、与印度较量的筹码,也因这条走廊经过有争议的克什米尔地区而让印度不高兴。但是对后者,正如联合声明中所说,印度其实表达了合作的兴趣。主要在于“孟中印缅经济走廊”经过的是印度东北部地区,加尔各答等大城市无疑会成为受益点,当地经济和基础设施会发展得更好。不过印度对此也顾虑重重:一旦这条走廊推进很快,可能会让整个印度东北地区的政治局势出现变化。②

---

① 李世杰、王成林:《21 世纪“海上丝绸之路”建设:经贸纽带与战略支撑》,《海南大学学报(人文社会科学版)》,2015(02),第 17—23 页。

② 傅梦孜、楼春豪:《关于 21 世纪“海上丝绸之路”建设的若干思考》,《现代国际关系》,2015(03),第 1—8,63 页。

三、印度对"21 世纪海上丝绸之路"建设的担忧

一些印度人担心该国东北部的分裂主义势力是否会因为经济发展的独立意识更强烈？另外是否会对与中国的争议区域带来新的挑战？此外，一些印度农村地区的保守宗教势力会不会对修铁路、公路等进行更激烈的反抗？印度政府确实从国际、国家和地方三个层面来慎重思考这个问题。但所有这些都不是主要原因，根本问题在于印度将"21 世纪海上丝绸之路"建设看作其大国崛起的阻碍，担心冲淡其"季风计划""东进政策"的国际影响力。

印度早有自己的周边战略，并一直希望获得中国的尊重，比如"季风计划"。"季风计划"在中国主流媒体中很少被谈到，更谈不上中国高层对此的公开态度。它是古代香料之路的现代版，是印度曾经在历史上与亚洲、欧洲、非洲地区进行贸易的路线图。印度推出这一计划，明显与中国的丝绸之路异曲同工，都是借古喻今，发展当下。[①]

在不少印度人看来，这两个计划与印度的生命线——印度洋有紧密联系。历史上印度与印度洋就有着重要的政治和经济联系，现在也不例外。中国如果能重视印度在印度洋的地位，就如同印度重视中国在西太平洋的地位一样。印度对印度洋有着这样的意义，当中国邀请印度洋国家马尔代夫和斯里兰卡参加海上丝绸之路建设时，印度不免颇为警惕。这是印度对海上丝绸之路建设担忧的所在，即周边国家逐渐靠拢中国。

不少印度政治家和学者都认为，斯里兰卡与印度的地理位置，以及血缘、历史与人文联系都比较特殊。所以中国在发展与斯里兰卡的关系时，要注意印度的情绪变化。[②]2016 年斯里兰卡新领导人访问中国时和习近平同志谈到了双方的合作问题。根据印度媒体的报道，习近平同志

---

① 陈伟光:《论 21 世纪海上丝绸之路合作机制的联动》,《国际经贸探索》,2015(03),第 72—82 页。

② 张林、刘霄龙:《异质性、外部性视角下 21 世纪海上丝绸之路的战略研究》,《国际贸易问题》,2015(03),第 44—53 页。

当时与之交流时也提到中国和斯里兰卡的合作不能绕开印度，流露寻求三方合作开发的意愿。这种得当的考虑，应该会逐渐弱化印度敏感的神经。

莫迪访问中国之后，围绕印度对"一带一路"的态度，各界有了最直观和最基本的看法。没有如巴基斯坦那样对"一带一路"的认同和赞许，莫迪对"一带一路"的态度本质上相对谨慎一些。①印度人的这种态度其实是对"一带一路"动机和目的的怀疑。

第三节 印度的"季风计划"

一、"季风计划"的内涵

随着中国推出"21 世纪海上丝绸之路"构想并取得初步成功，印度的"季风计划"也在推进。"Mausam"一词出自阿拉伯语，意为天气、气候、季节，可理解为印度洋季风，其核心要义是以文化与历史为纽带，恢复古代"香料之路"，促进环印度洋区域合作。②即以恢复古香料之路，突出印度在印度洋地区的主导地位。

印度外交秘书辛格（Sujatha Singh）与文化部长拉文达辛格（Ravindra Singh）在讨论如何来打造这个计划时，透露了该计划的真谛，除了融入印度的文化，还包含印度的"大国梦"。③即"季风计划"规划了一个"印度主导的海洋世界"，这个世界包括东非、阿拉伯半岛，经过南部伊朗到整个南亚，向东则通过马六甲海峡和泰国延伸到整个东南亚地区。这一地区在古代都是印度文明影响的范围。中国"21 世纪海上丝绸之路"计划则是通过中国南海，穿过马六甲海峡，进入印度洋，到达非

---

① 余密林：《对建设 21 世纪海上丝绸之路的若干思考》，《发展研究》，2015(02)，第 16—18 页。

② 谭秀杰、周茂荣：《21 世纪"海上丝绸之路"贸易潜力及其影响因素——基于随机前沿引力模型的实证研究》，《国际贸易问题》，2015(02)，第 3—12 页。

③ 王爱虎：《从海上丝绸之路的发展史和文献研究看新海上丝绸之路建设的价值和意义》，《华南理工大学学报(社会科学版)》，2015(01)，第 1—14 页。

洲、中东和欧洲。显然，在中国看来，这两个计划有重叠，对各自的发展和地区共同发展有利。但印度不以为然，把中国的设想当作对其战略的挑战。因为这一地区在古代是印度文明影响的范围。印度明确指出，这样一个"海洋世界"，不仅关系到"贸易"，而且关系到"安全"。[①]所以，印度国家战略的重点是重建这样一个以印度为中心的秩序，安达曼和尼科巴群岛将得到重点开发。

作为莫迪政府的一种外交战略新构想，"季风计划"与中国政府提出的"21 世纪海上丝绸之路"构想有着异曲同工之妙。

无论从何种角度来看，"21 世纪海上丝绸之路"都可与"季风计划"实现对接，两大构想存在着巨大的合作及共建共享的空间。据公开信息显示，"季风计划"欲以深受印度文化影响的环印度洋地区以及该地区国家间悠久的贸易往来史为依托，以印度为主力，推进环印度洋地区国家间的合作，共同开发海洋资源，促进经贸往来等。[②]

就现有信息来看，尽管"季风计划"尚缺少具体内容和战略设想，但名称本身就蕴含着印度政府的远大战略追求，即从南亚次大陆到整个环印度洋的广大区域内，打造以印度为主导的地区合作新平台。而且，莫迪政府的"印度制造"(Make in India)计划、"萨迦尔玛拉"(Sagar Mala)计划未来都有可能与"季风计划"整合在一起。

二、"季风计划"的现实

中国大力推动"21 世纪海上丝绸之路"的构想之际，作为古代"海上丝绸之路"重要驿站的印度，也在悄然酝酿着深化环印度洋地区互利合作的新平台——"季风计划"。两个古老而勃兴的东方大国，几乎同时开启了地区合作新征程。

---

① 刘宗义：《21 世纪海上丝绸之路建设与我国沿海城市和港口的发展》，《城市观察》，2014(06)，第 5—12 页。

② 吴崇伯：《融入国家"21 世纪海上丝绸之路"战略的优势与对策论析——以福建为例》，《华侨大学学报(哲学社会科学版)》，2014(04)，第 2，7—13，177 页。

早在几年前的印度国大党执政时期，这一计划就开始酝酿。当时，负责印度海外侨民、人力资源开发事务的国务部长沙希·塔罗尔曾多次提及“印度洋共同体”理念。[①]后来，“拉吉夫·甘地中心”的研究人员据此进行课题研究，并最终冠名为“季风计划”。该课题完成之时恰逢印度政府换届，胸怀强国抱负的莫迪政府很快注意到了这一计划。

“季风计划”最早在2014年9月作出，因为古代印度水手通过季风航行在印度洋上，在各个区域进行贸易，传播文化。如今的范围划定区域是从东非到阿拉伯半岛，到印度次大陆、斯里兰卡以及东南亚国家，在横跨印度洋的整个区域内进行经济协调。

实际上，在“季风计划”亮相前，印度就一直在环印度洋地区推动着类似的合作机制。1997年，在印度的推动下，成立了“环印度洋地区合作联盟”（2013年整合为“环印度洋联盟”）[②]，南亚、西亚、东南亚、大洋洲、东非、南非等20个环印度洋国家加入了该组织；同年印度还推动成立了“环孟加拉湾经合组织”；2008年，印度又主导成立了“印度洋海军论坛”。印度这一系列动作的目的都是提升印度在印度洋地区的主导权和影响力。

2014年3月莫迪访问印度洋三个岛国毛里求斯、塞舌尔和斯里兰卡时主要讨论了“季风计划”这个话题，除了加强经贸合作之外，还希望印度洋周边国家推动航行自由。莫迪的印度洋岛国之行被看作是印度拉开的“季风计划”的序幕。随后印度外交秘书苏贾塔·辛格和文化秘书拉文达·辛格专门召开特别会议，商议如何明确“季风计划”的具体内容，“季风计划”被印度媒体称为从单一的文化项目转向具有战略规划特征的复合项目。[③]2014年11月17日，印度在曾经的香料贸易中心

① 林香红、高健、张玉洁：《福建省“海上丝绸之路”建设的优势与发展路径研究》，《海洋经济》，2014(06)，第29—36页。

② 尤权：《打造21世纪海上丝绸之路重要枢纽》，《求是》，2014(17)，第26—28页。

③ 韦有周、赵锐、林香红：《建设“海上丝绸之路”背景下我国远洋渔业发展路径研究》，《现代经济探讨》，2014(07)，第55—59页。

科钦(Kochi)召开主题为“印度洋区域:印度的文化景观和海上贸易航路”会议。会议主要包括两个方面的内容:一是“季风计划”和印度洋地区的现有数据库,二是印度洋海洋文化景观。在会议开幕式上,印度文化秘书拉文达·辛格在致辞中强调,“生产性劳动、天文学、航海学、船舶制造、港口建设、沿岸文化景观、移民和移民社区都将成为‘季风计划’的内容”。2015 年 3 月 9 日,印度媒体报道,印度政府提出的“季风计划”涉及 39 个印度洋国家。印度文化部、旅游部(独立主持部务)、民航部国务部长玛赫希·夏尔马(Mahesh Sharma)在国会指出,这 39 个国家涵盖巴林、孟加拉国、柬埔寨、中国、埃及、伊拉克、毛里求斯、新加坡、泰国、也门、南非、菲律宾和巴基斯坦等。[①]这是印度官方资料第一次显示,“季风计划”也包括中国,虽然中国并非地理意义上的印度洋国家。

三、印度国内对“季风计划”的评价

印度学术界一般认为,“季风计划”是印度对“21 世纪海上丝绸之路”的反应,是莫迪政府反制中国政府的最主要的外交政策倡议。“印度将利用其历史、文化和地理优势与中国的‘21 世纪海上丝绸之路’倡议进行竞争。”通过“季风计划”,印度能够重建其主导的海洋世界,这一广义的环印度洋地区包括东非、阿拉伯半岛、南亚次大陆、斯里兰卡和东南亚。有观点认为,“印度对斯里兰卡和马尔代夫欢迎‘21 世纪海上丝绸之路’倡议的方式持保留态度。这是莫迪总理将文化部的‘季风计划’提升到战略高度的原因之一。”还有学者认为,“中国提出的‘21 世纪海上丝绸之路’正在增加印度的焦虑感,而印度还未提出任何振兴其海军实力并向外扩展的替代方案”,“季风计划”正是在这一背景下产生的。[②]但是,印度政府的官方发言中从未将“季风计划”解读为对抗或反

① 刘赐贵:《发展海洋合作伙伴关系 推进 21 世纪海上丝绸之路建设的若干思考》,《国际问题研究》,2014(04),第 1—8, 131 页。

② 陈万灵、何传添:《海上丝绸之路的各方博弈及其经贸定位》,《改革》,2014(03),第 74—83 页。

制中国政府“21 世纪海上丝绸之路”倡议的战略行为,印度政府官方人士在论述“季风计划”时也从未将该计划与中国作直接联系。

莫迪总理于 2015 年 3 月访问印度洋三国,5 月访问中国,这段时间是印度学术界和媒体讨论“季风计划”最激烈的时段。印度记者兼新德里国防研究与分析研究所成员的罗伊·乔杜里(Dipanjan Roy Chaudhury)认为,莫迪出访塞舌尔、毛里求斯和斯里兰卡的目的就是推动“季风计划”。莫迪出访中国期间,印度媒体也密切关注莫迪对“一带一路”倡议的态度,以及莫迪政府是否公开阐述“季风计划”“香料之路”“棉布之路”等战略计划。

不少印度学者也对“季风计划”提出了略带批评的建设性意见。印度新德里中国研究所副主任郑嘉宾(Jabin T. Jacob)认为,面对中国的“一带一路”倡议①,“沉默和不作为不应该是印度的可持续选项,‘一带一路’不仅寻求从根本上重塑经济发展模式和网络,也寻求重塑中国周边地区的政治关系和意识形态,这导致印度面临前所未有的多维挑战。‘季风计划’被置于莫迪总理的文化议程下,用以开发和复兴印度洋区域的历史联系。但‘季风计划’的现状几乎没有对‘一带一路’倡议形成战略挑战”。郑嘉宾对“季风计划”的发展并不满意。他认为,即使“季风计划”有反制“一带一路”倡议的意图,也不具备反制的能力。

四、中国对“季风计划”的看法

作为莫迪政府的一种外交战略新构想,“季风计划”与中国政府提出的“21 世纪海上丝绸之路”构想有着异曲同工之妙。无论从何种角度来看,“海上丝绸之路”都可与“季风计划”实现对接,两大构想存在着巨大的合作及共建共享的空间。

首先,中国的“21 世纪海上丝绸之路”是一个开放的平台。中国政

---

① 巫大健:《海上丝绸之路时期泉州多宗教文化共存现象的原因及特征探析》,新疆师范大学硕士学位论文,2013 年。

府秉持共商共建共享的建设理念，期望通过"21 世纪海上丝绸之路"沿线地区和国家的"五通"，即"政策沟通、道路联通、贸易畅通、货币流通和民心相通"，打造合作共赢的"命运共同体"，这与印度早先提出的"印度洋共同体"以及现在提倡的"季风计划"是相互包容、息息相通的，绝非彼此对立甚至相互牵制。①

其次，中印之间在发展、追求方面并不存在无法调和的结构性矛盾，双方发展计划的相互对接具有较为广阔的空间。正如现任中国驻印度大使乐玉成所言："未来 5—10 年，对于中印都是关键发展时期，时代赋予我们两国实现国富民强的历史机遇。②中国已经进入全面建成小康社会的决定性阶段。中国的发展将给周边国家包括印度带来更多机遇。③同时，印度在莫迪总理领导下正积极致力于变革与发展。实现民族复兴的共同使命将使中印走到一起，弘扬丝绸和香料之路之精神，通过优势互补，……不断构建中印更加紧密的发展伙伴关系。"④乐玉成还强调，"中方重视印方对'一带一路'的看法和建议，愿同印方进一步加强政策沟通，期待将'一带一路'倡议与印度'香料之路''季风计划'等规划对接，形成合作'最大公约数'。"

再者，中印双方应摆脱零和思维，坚持互尊互信、聚同化异的原则。中国在"21 世纪海上丝绸之路"的框架下进入印度洋，而敏感的印度也以更大的力度彰显其在印度洋的中心地位。⑤中印两国既有战略互动，都希望摆脱近代以来西方政治经济体系的桎梏，又有战略竞争，猜疑对方的意图，出现模棱两可甚至混乱错误的信息。有中国学者认为，印度

① 周岩、陈淑梅：《21 世纪海上丝绸之路贸易自由化和便利化的经济效应分析》，《亚太经济》，2016(01)，第 50—56 页。

② 廖泽芳、宁凌：《21 世纪海上丝绸之路之中国与东盟贸易畅通——基于引力模型的实证考察》，《经济问题》，2015(12)，第 1—7 页。

③ 伍凤兰、陶一桃、申勇：《深圳参与共建"21 世纪海上丝绸之路"的战略路径》，《经济纵横》，2015(12)，第 82—86 页。

④ 刘雨辰、杨鲁慧：《美国东亚海权战略与中国海上丝绸之路建设：基于战略外溢效应视角的分析》，《山东大学学报(哲学社会科学版)》，2015(06)，第 21—36 页。

⑤ 邓颖颖：《21 世纪海上丝绸之路建设的有效路径：中国—东盟旅游合作》，《东南亚纵横》，2015(10)，第 15—21 页。

对中国的“21世纪海上丝绸之路”倡议的回应显得较为保守。也有中国学者认为,印度官方采取了“没有态度”的表态,显示出印度谨慎应对的立场。如果中印之间不能增信释疑,特别是印度不能消除长期存在的对华焦虑感,继续以威胁与竞争的态度回应“21世纪海上丝绸之路”倡议,中印合作共赢大局将面临巨大挑战。在这个万象更新的时代,中印双方都需要摒弃零和的冷战思维,携手前行,将两大海洋计划对接起来,将印度洋与太平洋贯通起来,这样才有益于中印双方的发展,有益于共促亚太地区、印度洋地区的和平、发展与繁荣。

第四节 “21世纪海上丝绸之路”倡议与印度“季风计划”的对接

实际上,海上丝绸之路建设与“季风计划”在结构和本质上并不具有天然的对抗性,相反能实现相互对接甚至融合。通过概念对接、功能对接和文化对接,中印之间能够规避对峙、凝聚共识、开拓合作。中印规划对接是以非零和的方式建构非对抗性的新型合作模式。这一合作模式的建立不仅有利于海上丝绸之路建设的顺利推进,也将推动地区经济合作程度的深化。①

一、内涵对接

尽管中印双方都有不少学者认为“季风计划”与“一带一路”倡议是一对竞争性概念,但事实上中印两国的发展能够实现互补互利,实现互补互利的前提之一是概念的对接和融合。中印双方都应该防止由于概念的误读而造成概念的冲突。“丝绸之路经济带”“21世纪海上丝绸之路”“季风计划”“香料之路”“东进政策”等倡议或计划在结构上和本质

① 董亮:《试析南亚区域环境合作机制及其有效性》,《南亚研究》,2015(02),第46—61, 156页。

上并非相互对抗，能够实现概念对接和概念融合。尽管这些概念曾经都有固定路线的贸易往来、文化交流和历史轨迹与空间范畴，但就当代而言，它们更多的是一种现代意义的发展符号。中印传承和发扬这些蕴含着"和平、友谊、交往和繁荣"精神的发展符号，有助于双方在亚洲精神和东方文化的共识下寻找契合点。印度国家海事基金会的格普雷特·库拉纳(Gurpreet S. Khurana)认为，"21 世纪海上丝绸之路""季风计划""香料之路"等计划"标志着复兴亚洲历史海洋遗产、传统和实践，这些计划是亚洲再次成为世界经济发动机的佐证，也可以为整合具有差异的印太(Indo-Pacific)区域做出贡献"。他同时强调，"特别是'一带一路'，将在经济上整合亚洲，增强相互依赖，有助于区域稳定"。①

"21 世纪海上丝绸之路"能够包容"季风计划"，而"季风计划"也不应排斥"21 世纪海上丝绸之路"。但在概念对接的具体方面，中印双方必须相互尊重、相互理解。特别是在印度对加入"海上丝绸之路"倡议"犹豫不决"的背景下，中印若试图寻求概念层次的对接和融合，中国需要照顾和体谅印度的敏感心理。的确应看到"季风计划"的双重性：一方面，它希望建立一种实际联系；另一方面，也应尊重古老的印度文明。②印度希望在心理和认同层面获得中国更多的重视，希望环印度洋地区国家也能像重视海上丝绸之路一样，重视印度的"季风计划"。例如，印度也曾提出过"棉布之路"计划。印度学者认为"棉布之路"与"丝绸之路"应该具有相同的历史重要性。丝绸并不是古丝绸之路上唯一的商品，棉布作为这条古贸易路线的另一种商品不应被长期忽视。在古丝绸之路上，中国作为起点，向外输出丝绸；而在反方向，印度作为起点，向中国输出棉布。但是在现代，各国很少知道印度生产的棉布在中国的消费情况。这反映出印度明显的"心理落差"。

---

① 陈菲：《"一带一路"与印度"季风计划"的战略对接研究》，《国际展望》，2015(06)，第 15—32，152 页。

② 张文木：《从整体上把握中国海洋安全——"海上丝绸之路"西太平洋航线的安全保障、关键环节与力量配置》，《当代亚太》，2015(05)，第 88—106，158—159 页。

从文化与历史层面来看，东南亚地区恰是中印两大文明的交汇地。自古以来，两大文明在东南亚友好相处，成为东南亚文化、经济与社会发展的不可或缺的组成部分。建交后，中印两国在环印度洋地区也屡有意义深远的战略性合作。例如，20 世纪 50 年代，两国协同推进印支问题的解决，共同主张以“和平共处五项原则”指导国际关系，携手共推万隆会议，形成亚非合作“十点共识”；如今，中印又在非洲、中东、东南亚等地展开能源与基建合作，在非洲东海岸展开印度洋反海盗合作；2013 年以来，两国领导人还正式倡导推进“中印缅孟经济走廊”建设。

“21 世纪海上丝绸之路”与“季风计划”都是具有现实意义的历史遗产，都是亚洲人民历史文化自豪感的源泉，都是亚非欧各国间友好合作的纽带，[①]因此我们需要运用东方智慧将两个内涵和功能都具有一定相似性的概念进行有效对接。“21 世纪海上丝绸之路”与“季风计划”的精神是相通的，如果秉持和平友好、开放包容、互学互鉴、互利共赢的精神，可将两者置于亚洲和平发展的新思路之下，为亚洲的和平与繁荣做出贡献。

二、设施对接

设施对接的突破口主要包括互联互通、制造业及海洋经济。印度面临严重的基础设施供给不足问题，主要表现在公路破旧且不能满足需要、电力供应不足且不稳定、铁路货运线路短、港口陈旧、城市拥挤以及机场滞后等多方面。正如有学者指出，“缺乏足够的基础设施使得印度国内生产总值增长率每年被拉低 1%到 2%。”

落后的基础设施不仅成为印度经济发展的瓶颈，也限制着印度国家发展计划的进一步推进。印度希望通过吸引外资来尽快解决供需严重

---

① 李家成：《东方海上丝绸之路视角下的中韩合作探析》，《当代韩国》，2015(02)，第 17—26 页。

失衡的基础设施问题。印度计划在德里和孟买之间建造一条以高速铁路和高速公路为基础的巨型工业走廊，中国承诺投资 200 亿美元，日本也承诺投资 355 亿美元。另外，由于地理限制和基础设施互联互通不畅，印度与中国和缅甸这两个陆上邻国的贸易主要是通过海运方式进行。"一带一路"倡议中的"孟中印缅经济走廊"与印度关系密切，其建设可推动四国相邻地区的开放度，有助于改善中印、缅印间的互联互通问题。

莫迪版的"萨迦尔玛拉"计划强调"港口导向型发展"，包括通过修建铁路和公路来提高内陆与各大港口之间的联系，还计划将内河和沿海运输发展为印度的主要运输方式。因此，"21 世纪海上丝绸之路"与"萨迦尔玛拉"计划也存在对接空间。[①]印度世界事务委员会研究主任维杰·萨胡加(Vijay Sakhuja)指出，"'21 世纪海上丝绸之路'为在海上基础设施方面存在技术差距的印度提供了大量的机会。印度可以利用中国的生产能力建造高质量船舶、建设世界级港口……同时也有助于推进由于基础设施匮乏、滞后的印度与东盟的海上互联互通倡议。"这是海上丝绸之路建设与印度国内提速基础设施建设的利益汇合点。

莫迪总理上任以来，在印度国内推行全方位的经济改革；为实现制造业增长和基础设施革新，莫迪总理提出"印度制造"政策。"一带一路"倡议与"印度制造"政策也存在较大的对接空间，"印度可以从'一带一路'中获益，不仅包括基础设施建设，也可以为印度国内创造大量就业机会，同时印度也可以逐步获得制造业的全球优势。[②]但是，如果印度选择不参与'一带一路'，就可能失去一个中国提供的机会，而所有其他'一带一路'的伙伴都将受益。另外，印度参与'一带一路'也有助于解决与中国之间巨大的贸易不平衡问题。"

① 廖萌：《斯里兰卡参与共建海上丝绸之路的战略考虑及前景》，《亚太经济》，2015(03)，第 62—67 页。

② 孙丽超：《"21 世纪海上丝绸之路"对中国—东盟贸易潜力的影响研究》，大连海事大学硕士论文，2015 年。

需要指出的是,寻找“21世纪海上丝绸之路”倡议与“印度制造”政策的对接点需要突破既有思维定式,以市场理性为指导,规避不必要的偏见。“21世纪海上丝绸之路”倡议是顺应全球新一轮产业转移及基础设施建设的大趋势的努力,而不是要输出工业污染和已淘汰的技术。在推进部分产业向海外转移的过程中,中国应严格遵守目的国的法律法规,避免激起当地人的过激反应。印度制造业落后于中国,制造业仅占其GDP的15%,不到中国的一半。但印度具有劳动力和土地成本低廉的比较优势,这是印度制造业的后发优势。根据新近一项对25个出口大国的制造业成本的统计排名,印度仅次于印度尼西亚,排在第二位。根据美国劳工统计局的数据,印度有组织的制造部门的劳动报酬(包括工资、福利、社会保险和税金)增长十分有限,仅从1999年的每小时0.68美元上涨到现在的每小时1.5美元。从这个角度看,“21世纪海上丝绸之路”倡议与“印度制造”政策的对接能够实现双赢。

“21世纪海上丝绸之路”倡议与“季风计划”还可以在海洋经济方面进行探索,从交通运输和经贸往来的现实来看,中国的发展已离不开印度洋。中国对外39条主要航线中,21条途经印度洋;中国外贸90%经海上运输,近七成途经印度洋;中国原油进口依存度已突破60%,2/3以上途经印度洋。作为大国,中印在环印度洋地区展开合作实乃大势所趋,这是两国崛起的题中应有之义,是两国构筑更加紧密的发展伙伴关系的题中应有之义,[①]也是中国政府倡导“21世纪海上丝绸之路”的题中应有之义。共同开拓空间,包括海洋渔业、海洋交通运输业、海洋船舶工业、海洋油气业和海洋服务业等都可以成为中印合作的领域。例如,在海洋船舶工业,中印业内人士已经具备一定程度的合作意愿。莫迪政府的“季风计划”和“萨迦尔玛拉”计划,包括振兴印度的航运业、造船业、港口业等涉及海洋经济方面的内容。事实上,印度在发展造船业方面拥有巨大的优势,一是

① 赵泓博:《“21世纪海上丝绸之路”对海洋强国战略的影响研究》,西北师范大学硕士论文,2015年。

拥有漫长的海岸线,二是有大量的廉价劳动力。然而,这些优势并未使印度造船业持续快速发展,印度船企的生产经营状况近年来日趋惨淡。在过去几年里,印度的船舶生产企业承接的新船订单数量在全球市场中所占的份额从1.3%降至0.1%,总体上处于“吃不饱”的状态。相比之下,截至2014年,中国造船业连续三年超过韩国和日本,在全球获得的造船订单最多。2015年8月,印度道路交通和公路部、航运部部长尼廷·杰拉姆·加德卡里(Nitin Jairam Gadkari)表示,印度政府已着手拟订计划,向印度造船业提供补贴。①加德卡里预计,到2020年,印度海洋产业将为全球6500万名技术人才提供就业机会。中印之间在海洋经济方面的不仅有合作意愿,也有较强的合作动力。

三、人员对接

“21世纪海上丝绸之路”倡议与“季风计划”的对接涉及政策对接、法规对接、道路对接、产业对接,但人员对接和文化对接也是不可忽视的一环。推动文化交流,增进人员往来,有助于逐步化解双方的种种疑虑,消除隔阂与误解,增强彼此信任。2015年7月30日,印度正式向中国公民开放电子旅游签证。2015年6月,中印落实了经乃堆拉山口赴西藏西南的冈仁波齐峰和玛旁雍错湖朝圣的新路线,有效推动了两国的宗教文化交流。2015年是中国的“印度旅游年”,2016年是印度的“中国旅游年”。中印两国启动了“中国—印度文化交流计划”,两国文化界将迎来更多的互访交流。中印两国还计划合拍电影,开展学术、出版、高等教育交流。佛教文化是两国的友好纽带,这一纽带,促进了中印佛教文化的交流和经典互译。文化对接是一项“路遥知马力,日久见人心”的努力,也是一个“随风潜入夜,润物细无声”的过程,只有汇聚“人心”,才能“立信”“致远”。莫迪政府试图以“季风计划”连接印度洋国

① 赵泓博:《“21世纪海上丝绸之路”对海洋强国战略的影响研究》,西北师范大学硕士论文,2015年。

家。在宏观层面上,“季风计划”旨在重新连接并建立印度洋国家间的联系,[①]这将有助于彼此间在文化价值和文化关切方面的进一步理解。[②]在微观层面上,“季风计划”的重点是理解环印度洋海洋环境中不同类型的民族文化。“这项计划的主题,不仅关注环印度洋沟通网络是如何完成商品、文化、宗教、观念、价值和技术的传播与交换的,也关注环印度洋沟通网络如何影响移民模式、认同形成和文化变革。”印度文化部积极推动“季风计划”,不仅是为了共同保护印度洋沿岸的文化遗址,更是为了强化印度在印度洋地区的文化核心地位。

综上所述,内涵对接、设施对接和人员对接既是“21 世纪海上丝绸之路”倡议与“季风计划”对接的核心内容,也是两者实现对接的必要步骤,更是规避冲突、凝聚共识、开拓合作的务实路径。

中印发展计划对接的潜在挑战在于“季风计划”本身的缺陷。尽管“季风计划”常被解读为具有对抗或制衡中国“一带一路”倡议的动机,但部分国内学者并不认同这一观点。[③]他们认为,说“‘季风计划’是反制中国的计划,有言过其实之嫌,毕竟这些计划都还处于具体设计当中,甚至印度自身也尚未明确如何实施这些计划”。印度学者也指出,印度在推进自身的战略倡议方面并不是很成功,例如“湄公河—恒河合作计划”和“环印度洋区域合作联盟”。莫迪总理上任已有两年多,但无论是“季风计划”,还是“香料之路”或者“棉布之路”,其战略目标和具体内容都不太清晰。一方面,印度可能是有意为之,防止过于明确的目标和内容引发竞争对手采取制衡措施;另一方面,印度可能在继续等待“21 世纪海上丝绸之路”倡议更明确的细节,并观察海上丝绸之路建设的进展,进而判断并决定印度以何种形式的“季风计划”与之互动。但从客

---

① 胡灵娟:《广州海上丝绸之路史迹保护机制研究》,兰州大学,2015 年。

② 谭秀杰、周茂荣:《21 世纪“海上丝绸之路”贸易潜力及其影响因素——基于随机前沿引力模型的实证研究》,《国际贸易问题》,2015(02),第 3—12 页。

③ 薛力:《中国“一带一路”战略面对的外交风险》,《国际经济评论》,2015(02),第 5, 68—79 页。

观上讲，“季风计划”战略目标和具体内容的不清晰，制度和机制建设的不完善，实施方案和推进措施的不连贯，可能会导致印度只能被动接受或拒绝区域外其他大国的规划，[①]而不能为规划对接提供充分的印度智慧。

① 傅梦孜、楼春豪：《关于 21 世纪“海上丝绸之路”建设的若干思考》，《现代国际关系》，2015(03)，第 1—8，63 页。

第四章
共创共建:21 世纪海上丝绸之路与西亚(中东)的区域合作

西亚(中东)是建设“21 世纪海上丝绸之路”的重要区域,重视与西亚(中东)地区建立互联互通陆水联运的海上通道,发展与西亚(中东)国家的经贸关系,与西亚(中东)地区建立双边合作机制将有助于“一带一路”倡议在西亚(中东)地区的推进与实施。

第一节　西亚(中东)区域合作的基本条件

地理意义上的西亚地区,包括伊朗高原、美索不达米亚平原、小亚细亚半岛和阿拉伯半岛,也有将欧洲与亚洲交界处的高加索地区纳入西亚的。中东则不是一个地理术语,而是欧洲人以欧洲为中心,按距离的远近将欧洲以东地区称为近东、中东、远东,中东泛指地中海东部、南部至波斯湾的大片区域。由于西亚(中东)地区是世界上最重要的石油、天然气产地,兼有丰富的矿产资源,在世界经济产业链中占有重要位置,与世界经济的联系非常紧密,因而受到国际社会的广泛关注。

一、地缘环境及其战略意义

西亚(中东)地处亚、非、欧三洲之交,阿拉伯海、红海、地中海、黑海和里海之间,自古以来就有“三洲五海之地”的美称。此外,西亚(中东)自古以来就是亚洲与欧洲、非洲之间海运和陆运的通商之衢,古丝绸之路的必经之地。19 世纪下半叶苏伊士运河的凿通，更是拉近了印度洋与大西洋的距离。第二次世界大战后，世界经济的发展对波斯湾原油需求呈几何式增长，苏伊士运河和霍尔木兹海峡成为世界最繁忙的海上运输通道，西亚（中东）的战略价值凸显，区位优势不可比拟，其地缘的重要性突出表现在经济和政治两个方面。

经济上，本地区是全球举足轻重的交通运输要道。2015 年，苏伊士运河年度通航净吨位近 10 亿吨，年度运河收入超过 50 亿美元，[①]有"黄金水道"之美誉。地中海自古以来是地中海沿岸国家商贸往来的内湖，是古希腊、古罗马文明的摇篮，既起着内部（沿岸国家）交往的作用，又起着外部（印度洋和大西洋）联通的作用。土耳其海峡是黑海出入地中海的门户，黑海沿岸国家进入地中海的必经之地。霍尔木兹海峡是世界上最繁忙的航运通道，据统计，每天通过霍尔木兹海峡输出的石油占全球石油贸易的 20%，天然气占全球贸易量的 33%。[②]里海是内陆湖，是沿岸国家特别是内陆国家水上运输的重要通道，通过伏尔加河等河流可以北上通往波罗的海。根据世界银行的数据，2014 年，中东北非地区铁路总里程数约 32 046 千米，铁路货运量超过 17.22 亿吨，客运量约 15.78 亿人次；航空方面，2014 年，货运量超过 254.57 亿吨，客运量超过 2.04 亿人次。[③]

政治上，本地区是世界级的地缘政治中心之一。历史上，西方列强曾不遗余力地争夺苏伊士运河的控制权，在当下，苏伊士运河是欧洲从西亚进口石油的"海上生命线"，是美国快速在中东地区部署和投放军事力量的最重要的海上要道，苏伊士运河在政治、军事、安全和经济等

① The Suez Canal Authority（苏伊士运河官方网站），http://www.suezcanal.gov.eg/TRstatHistory.aspx?reportId=4，引用于 2016 年 11 月 26 日。

② 中华人民共和国商务部网站，http://www.mofcom.gov.cn/aarticle/i/jyjl/j/201211/20121108438483.html，引用于 2016 年 11 月 26 日。

③ The World Bank（世界银行官方网站），http://api.worldbank.org/v2/en/country/MEA?downloadformat=excel，引用于 2016 年 11 月 26 日。

领域对以美国为首的西方具有重要的战略意义。曼德海峡与苏伊士运河遥相呼应,控制曼德海峡对苏伊士运河的通航量将产生重大影响,因而其也被西方世界视为战略心脏。霍尔木兹海峡和波斯湾是海湾地区石油输出的唯一通道,是整个世界的“能源生命线”,具有十分重要的经济地位和战略价值,美国航空母舰常年游弋在该水域,其任务就是保障该地区海上能源供应渠道的畅通。第二次世界大战以来,西亚(中东)地区大的战争发生四次,小的冲突连绵不断,冲突背后是域外大国的战略角逐。该地区民族、宗教、领土冲突相互交织。

二、自然资源及经济结构

西亚(中东)地区各国自然条件迥异,总的来说,北部国家比南部阿拉伯半岛国家自然环境要好得多,主要体现在水资源的拥有量上。南部阿拉伯半岛地区全年降水稀少,各国可再生水资源总量普遍偏低,根据2014年的数据,整个中东和北非各国可再生内陆淡水资源总量仅约230立方千米。①加之各国水资源分配不均,除北部的伊朗、土耳其、伊拉克和叙利亚等国情况较好外,阿拉伯半岛许多国家的可再生水资源总量基本都低于5立方千米,在科威特、巴林等国土面积较小的国家,全民用水的90%以上(科威特甚至为100%)依赖于国外进口。②

水资源的短缺严重制约了本地区第一产业的发展,导致阿拉伯半岛大部分地区农林业极不发达。林业方面,世界银行的数据显示,2014年,阿拉伯世界平均森林覆盖率仅约2.82%,2015年,该数字减少为约2.8%;在卡塔尔、科威特、阿曼等国,这一数字则几近于零。③农业生产

① The World Bank(世界银行官方网站),http://data.worldbank.org/region/middle-east-and-north-africa,引用于2016年11月26日。

② The World Economic Forum(世界经济论坛官方网站),https://www.weforum.org/agenda/2015/08/which-countries-depend-on-foreign-water/,引用于2016年12月2日。

③ The World Bank(世界银行官方网站),http://api.worldbank.org/v2/en/indicator/AG.LND.FRST.ZS?downloadformat=excel,引用于2016年11月26日。

方面,整个阿拉伯世界农业对 GDP 的贡献普遍都比较低,2014 年农业产值在 GDP 中占比约为 6.4%, 2015 年该数值上升到 6.82%。从南北分布上看,相对而言,北部国家的农业比南部国家更发达,例如,2014 和 2015 年,土耳其农业产值占 GDP 的比重分别为 8.01%和 8.53%,高于平均值;而国土面积广袤的沙特阿拉伯,2014 年和 2015 年农业占 GDP 比重仅为 1.9%和 2.26%。[①]综上,农林业欠发达,是西亚(中东)地区经济结构劣势的体现。

而西亚(中东)的优势则体现在其是世界上资源最富集的地区之一。在北部,土耳其石油和天然气资源匮乏,但其矿产资源丰富,主要有硼、铬、钍以及黄金、白银等贵金属矿藏和煤等。波斯湾沿岸国家,则基本上都是石油和天然气的生产和出口大国。2015 年,全球石油产量约 8 029.40 万桶/天,其中,沙特、伊拉克、伊朗、阿联酋、科威特、卡塔尔、阿曼等国石油产量总计约 2 585.92 万桶/天,占全球产量的 32.21%。2016 年的全球石油产量约 8 042.26 万桶/天,其中沙特、伊拉克、伊朗、阿联酋、科威特、卡塔尔、阿曼等国石油产量总计约 2 754.00 万桶/天,占全球产量的 34.24%。[②]天然气方面,2014 年,全球天然气产量约 2.63 万亿立方米,其中伊朗、卡塔尔、沙特、阿联酋、阿曼、科威特、也门、以色列、叙利亚等国的产量约为 0.56 万亿立方米,约占全球产量的 20%。[③]丰富的矿产和能源资源,体现了本地区经济结构的优势所在,为本地区国家的经济发展做出了巨大贡献。

综上所述,西亚(中东)地区自然禀赋的“一少一多”决定了其经济结

① The World Bank(世界银行官方网站),http://api.worldbank.org/v2/en/indicator/NV.AGR.TOTL.ZS?downloadformat=excel, 引用于 2016 年 11 月 26 日。

② Energy Information Administration(美国能源信息管理局),https://www.eia.gov/beta/international/data/browser/#/?pa=0000000000000000000000000000000000002&c=ruvvvvvfvtvnvv1vrvvvvfvvvvvvfvvvou20evvvvvvvvvvvvuvo&ct=0&tl_id=5-A&vs=INTL.57-1-AFG-TBPD.A&vo=0&v=H&start=2015&end=2016。

③ The Central Intelligence Agency(美国中央情报局官方网站),https://www.cia.gov/library/publications/the-world-factbook/rankorder/2249rank.html。

构的特性。南部阿拉伯半岛上的国家农业比重极小,工业集中在石化产业,经济结构单一。以土耳其、伊朗为代表的北部各国,经济门类相对较为齐全。但总体上,西亚(中东)地区凡以能源为主的国家均以石油开采、炼化等为产业支柱,石化工业和衍生服务业占据国民经济的主导地位。

三、人文和社会环境

西亚(中东)地区普遍信仰伊斯兰教,宗教教义和教规对世俗社会的影响深厚,但各国政治状态彼此不一,既有政教分离的宪法国家,又有政教合一的教法国家,既有民主共和政体,又有君主世袭政体。具体来看,土耳其、以色列、叙利亚、黎巴嫩、伊拉克、也门、阿塞拜疆、格鲁吉亚、亚美尼亚等实行民主共和制,土耳其等国效仿西方宪政模式,实行三权分立;叙利亚、伊拉克等国宪法规定为代议制民主政府,分别实行总统制和内阁制。科威特、卡塔尔、阿联酋、巴林、约旦等实行君主立宪制,在这些国家中,有的国家君主高于议会,有的国家君主与议会相互牵制,其中阿联酋是由七个酋长国组成的君主联邦制。沙特、阿曼等实行君主世袭制,无宪法和议会,禁止政党活动。伊朗宪法则规定国家实行政教合一的总统制,总统虽是国家行政最高领导人,但宗教领袖是国家实际最高领导人,同时也是最高精神领袖。除以色列信仰犹太教,黎巴嫩部分阿拉伯人信仰天主教,亚美尼亚和格鲁吉亚信仰东正教外,其他国家均以伊斯兰教为国教,以《古兰经》为至高典籍。

政治制度的迥异反映了各国宗教、民族、文化问题的多样性和复杂性。西亚(中东)绝大多数国家属于伊斯兰教国家,但伊斯兰教内部派别林立。在土耳其、叙利亚、沙特、科威特、卡塔尔和阿联酋等伊斯兰国家,逊尼派穆斯林普遍占总人口的60%以上,并占据了这些国家政治的主导地位。什叶派穆斯林主要集中在伊朗、巴林、伊拉克等国。伊拉克的情况比较特殊,尽管人数占比更多的是什叶派穆斯林,但政治上居于统治地位的时常是逊尼派(两者占穆斯林人口比分别为约 54.5%和 40.5%),这一政治社会安排引发南部什叶派穆斯林的不满,常常发生纷争动乱。也门什叶派和逊尼派力量旗鼓相当,阿曼的穆斯林则主要属于独立于逊尼派和什叶派之外的伊巴德教派。

西亚(中东)复杂的民族宗教问题,加上域外大国的插手,叙利亚、伊拉克等国至今战乱频仍,百姓生活漂泊不定,教育、卫生条件极差,人们的生命和财产得不到安全保障,纷纷向邻国和欧洲迁徙。截至 2016 年第一季度,叙利亚有 470 万名难民逃离出境[①],全国总人口由 2 200 万降至约 1 718.51 万。[②]而在海湾地区,由于石油经济发展迅猛,石油收益盆满钵满,人均国民收入高,生活富裕,社会稳定,因而吸引了大量外来移民。据统计,2014 年阿曼、沙特阿拉伯、伊拉克、科威特、阿联酋五国的净移民数量分别为 121.1 万、85 万、52.83 万、51.75 万和 40.5 万。[③]其中卡塔尔和阿联酋,有超过 80%的人口是外籍人口。

西亚地区的自然条件与禀赋、区位特点、政治形势和社会状况,塑造了该地区多样的政治文明和经济发展模式,从工业化的起始阶段就吸引了域外大国的密切关注。今天,西亚(中东)地区很多资源型国家都面临经济转型大关,产业结构的调整、基础设施建设的需求蕴含着巨大的发展潜力和市场容量,其全球战略意义更加凸显。

第二节　西亚(中东)区域组织发展现状

一体化经济学家理查德·利普塞指出,区域在经济上的联合有六种

---

① The International Organization for Migration(国际移民组织官方网站),https://www.iom.int/countries/syria,引用于 2016 年 11 月 26 日。

② The Central Intelligence Agency(美国中央情报局官方网站),https://www.cia.gov/library/publications/the-world-factbook/geos/sy.html,引用于 2016 年 11 月 26 日。

③ The World Bank(世界银行官方网站),http://api.worldbank.org/v2/en/indicator/SM.POP.NETM?downloadformat=excel,引用于 2016 年 11 月 26 日。

从低级到高级的形态，即特惠关税区、自由贸易区、关税同盟、共同市场、经济同盟、完全经济一体化，最终目标是形成国家或地区间在贸易、关税、货币、财政等领域高度相互依赖的统一大市场。通过这种经济上的联合自强，再反过来争得政治上的集体安全保障。西亚（中东）地区的区域组织的发展大致沿着这条路径在演进。

一、西亚（中东）区域组织及其合作特点

西亚（中东）地区有两大社会特性：阿拉伯性和伊斯兰性，因此该地区国家往往以民族或宗教为依据组成泛区域性组织，如阿拉伯国家联盟和伊斯兰会议组织等，这是一方面；另一方面，这一地区的泛区域组织一般都以政治与安全为主，都不是纯粹的经济性组织，区域内经济一体化程度不高，这是该地区合作的通病。究其原因，本地区存在政治和经济上的双重不利。在政治上，由于存在领土纠纷、民族冲突、宗教冲突、利益龃龉、大国干预等问题，地区矛盾重重；在经济上，经济发展水平不高，制造业普遍不发达，资源型国家经济结构单一，区域内经济互补性不强。

在泛区域组织经济一体化举步艰难的情况下，本地区的经济合作出现了两种情况。一种是出现了若干次区域性的经济组织，由于范围小、成员少、协调易，经济合作水平反而高一点，如海湾合作委员会、阿拉伯合作委员会、经济合作组织等。其中海湾合作委员会是典型的次区域一体化组织，六个成员国基本相连，经济发展水平大体相当。有些次区域组织，国家间在地理上是不相连的，如阿拉伯合作委员会，也门与埃及、约旦、伊拉克三国并不接壤。也有跨区域的经济组织，如经济合作组织，它是伊斯兰性的区域经济组织，越出了西亚地区，成员国覆盖中亚、南亚和高加索国家。还有中东北非经济首脑会议，也不是西亚地区组织，而是西亚与北非国家的跨洲地区组织，1994 年在摩洛哥举行了首届会议，以色列也出席了会议，共同商议这一地区的经济发展与合作问

题，但因各方意见分歧较大，大概只举行了四届，在多哈会议后就没有下文了。

还有一种情况是，本地区很多国家将南北合作以及与域外新兴大国的合作作为战略选择。伊斯兰世界的一些国家和次区域组织积极寻找与域外发达国家和组织开展经济合作，如地中海沿岸国家与欧盟在 1995 年建立了“欧洲—地中海自由贸易区”；土耳其、塞浦路斯、摩洛哥等则积极向欧洲联盟靠拢，申请入盟；海湾合作组织不仅期待与欧盟建立更广泛的贸易金融关系，而且积极与东盟开展经贸合作。中国的“一带一路”倡议提出后，该地区反响强烈，各国纷纷表示，支持中国“一带一路”倡议，希望借助中国的资金与技术，发展本国的经济。

二、阿拉伯国家联盟（League of Arab States）

阿拉伯联盟是西亚（中东）地区历史最长、资格最老的区域性国际组织，带有浓重的阿拉伯人色彩，在地区事务中发挥了重要作用。

1. 联盟的创立

阿拉伯国家联盟（简称“阿盟”）成立于 1945 年，是第二次世界大战即将结束前成立的地区性国际组织，由初期的 7 个创始成员国（埃及、伊拉克、约旦、黎巴嫩、沙特阿拉伯、叙利亚和也门），发展到 1993 年的 22 个成员国。阿拉伯国家联盟是在反战中成立的，旨在维护阿拉伯人的民族独立和国家主权，加强成员国之间的政治联系。总部设在埃及开罗，联盟由首脑会议、联盟理事会和秘书处“三驾马车”构成。

2. 联盟的经济活动

在经济领域，阿拉伯国家联盟是世界上最早提出经济合作的国际组织，其宪章呼吁阿拉伯国家要加强贸易、海关、金融、货币、农业和工业的合作。1950 年签署《联合防御与经济合作协定》，除安全事务以外，倡议关注经济、文化与社会发展事业。经济与社会理事会是阿拉伯国家联盟负责经济与社会发展的专门机构，几乎与欧洲共同体同样早地在国际上提出经济一体化的发展任务。1964年阿盟成员国签署了建立阿拉伯共同市场的协定，号召在阿拉伯国家之间开展自由贸易活动。1968年阿盟成立了“阿拉伯经济和社会发展基金会”，以贷款等方式促进阿拉伯国家的民族经济发展，将阿盟成员国的经济合作由经贸领域推向金融领域。1977年又成立了“阿拉伯货币基金组织”，旨在建立阿拉伯国家的资本市场，解决成员国的国际收支问题。20世纪90年代起，阿拉伯国家先后创建亚历山大、贝鲁特、亚丁湾、苏伊士等自由贸易区，紧跟世界经济一体化潮流，以促进成员国之间的商品、资金、劳务和技术的流动。1996年阿曼开罗首脑会议通过建立阿拉伯自由贸易区的协定，1997年经济与社会理事会颁布“建立阿拉伯自由贸易区的实施纲领”，次年正式启动阿拉伯自由贸易区建设，要求成员国每年以10%的比例降低阿拉伯国家之间的贸易关税，用10年时间建立泛阿拉伯自由贸易区，彻底取消关税和关税壁垒，实现商品自由流动。20世纪与21世纪之交，阿拉伯国家联盟正式确立了建立自由贸易区的议程。2003年，为了促进成员国之间的自由贸易，各国商定今后突破的重点是：消除成员国之间的关税；从自由贸易协议阶段过渡到关税互免的共同市场和执行统一法律阶段。同年，阿拉伯自贸区成员国举办了经济论坛，就促进阿拉伯国家间的贸易和投资以及项目融资等问题进行了讨论。近五年来，阿拉伯国家联盟劳动力人数维持在1.2亿左右，约占总人口的1/3；2013—2015年年度GDP增长率保持在2%—3%。①这些反映了阿拉伯国家联盟各成员国的经济发展具有一定的活力，但劳动力资源仍亟待开发，经济增长的潜力没有充分挖掘。

3. 发展中的问题

阿拉伯联盟虽然明确了经济一体化的目标与实施步骤，但步履缓慢，归根到底是其内部矛盾与分歧难以弥合。首先，阿盟的决议不具有

① The World Bank(世界银行官方网站)，http://data.worldbank.org.cn/region/arab-world?view=chart，引用于2016年12月8日。

约束力,会议讨论的结果往往沦为政客的“清谈”。第二,阿盟各国受制于自身国家利益,彼此关系的紧密性、可靠性并不牢固,对外政策摇摆不定,相互间的协调非常艰难。历史上,对西方、以色列的态度不一暂且不论,近期在叙利亚问题上,阿盟诸国就未能形成“统一战线”,以沙特、卡塔尔为首的海湾国家从自身利益出发,积极推动叙利亚问题“国际化”,而伊拉克、黎巴嫩则担心动荡殃及自身,明确反对外来干预,不参加对叙制裁。第三,阿拉伯世界正处于政治转制、经济转轨和社会转型的“十字路口”,阿盟各成员国彼此国情迥异,在政治、经济、外交等领域很难进行步调一致的行动,即便有相同的经济发展目标,也因政治隔阂而放弃或中断经济合作。

卡塔尔大学教授喀西姆称,阿盟历史悠久,但也正因如此,它难免暮气沉沉,只有不断革新、内部扬弃和自我完善,阿盟才能充分发挥其在政治、经济、安全等领域的作用,才能更好地驾驭瞬息万变、错综复杂的局势。[①]因此,只有克服内部分歧,搁置争议,摆脱外部干涉,以阿拉伯世界整体利益为重,阿拉伯联盟才能发展成阿拉伯国家最有感召力、最有影响力和最有发展前景的一体化组织。

三、海湾国家合作委员会(Gulf Cooperation Council)

海湾国家合作委员会是目前西亚(中东)地区经济发展水平比较整齐、一体化程度比较高、对外开放与接轨能力比较强的次地区组织。

1. 成立背景

海湾国家合作委员会(简称“海合会”)的成立与冷战大背景有关。20 世纪 70 年代后期 80 年代初,美苏对峙等老问题悬而未决,新的问题层出不穷。美国策反埃及与以色列单独媾和导致阿拉伯世界分裂,苏联入侵阿富汗引发西亚和中东地区局势动荡。伊朗的伊斯兰革命推翻了

① 参见《阿盟加强干预叙利亚危机——叙反对派“全国联盟”被邀正式出席阿盟峰会》,《人民日报》,2013 年 3 月 27 日,第 021 版。

巴列维王朝，对海湾地区的君主制构成了严峻挑战；伊拉克的萨达姆号召重建阿拉伯国家联盟以抵御伊朗的伊斯兰革命，最终借领土纷争爆发了持续八年的两伊战争。为防止战火蔓延，稳定各国的君主制，海湾国家需要一个集体防卫组织，海合会正是在这样的背景下成立的。尽管海合会名义上是“海湾沿岸地区”的组织，但为了抗衡伊朗的伊斯兰革命和伊拉克的泛阿拉伯社会，海合会将伊朗和伊拉克排斥在外。

2. 君主制国家联盟

1981 年 5 月 25 日海合会正式成立。创始成员是沙特、阿联酋、巴林、阿曼、卡塔尔、科威特六个国家。海合会六国领土面积 267.3 万平方千米，人口约 3 760 万；石油和天然气储量丰富。截至 2015 年底，海合会除巴林外的五国所探明石油储量分别为沙特 2.666 亿桶、科威特1.015 亿桶、阿联酋 9 780 万桶、卡塔尔 2 570 万桶、阿曼 530 万桶，分别占全世界石油总储量的 15.7%、6.0%、5.8%、1.5%和 0.3%，累计占比 29.3%。天然气方面，截至 2015 年底，海合会六国探明的天然气储量分别为卡塔尔 24.5 万亿立方米、沙特阿拉伯 8.3 万亿立方米、阿联酋 6.1 万亿立方米、科威特 1.8 万亿立方米、阿曼 0.7 万亿立方米、巴林 0.2 万亿立方米，分别占全世界天然气总储量的 13.1%、4.5%、3.3%、1%、0.4%和 0.1%，累计占比 22.4%。[①]海合会国家还拥有雄厚的美元资金，活跃在世界金融市场上。六国宗教信仰一致，政治体制一色，都是君主制国家，只是有些国家设议会，有些国家没有设议会；经济结构雷同，以石油工业为主；社会发展水平相近，高收入、高福利。

海合会的组织议题与政策目标涉及政治、军事和经济等各方面。组织架构主要包括首脑理事会、部长理事会和秘书处三大机构。定期举行首脑理事会和部长理事会会议，就重大国际问题和地区事务进行沟通磋

① BP-Official Site(英国石油公司官方网站)，http://www.bp.com/content/dam/bp/pdf/energy-economics/statistical-review-2016/bp-statistical-review-of-world-energy-2016-full-report.pdf，引用于 2016 年 11 月 26 日。

商,统一立场和行动。海合会虽然最初是迫于安全形势成立的一个政治安全组织,但从成立之初就被赋予推进经济一体化的任务,追随世界经济一体化潮流。

3. 政策目标

海合会自成立以来,在经济政策方面,为避免单一经济结构带来的危害,主动进行经济体制改革,调整产业结构,扩大对外开放,发展多元经济,努力促进成员国工业、农业、服务业的平衡发展,逐步推进成员国间的一体化。目前,海合会制定和颁布了工业发展战略、农业共同政策,并且致力于制定统一的经济法规。譬如,在交通领域,建立统一的公路和铁路网络;在动力领域,建立统一的输电网络;在通信领域,建立统一的电讯网络。此外,在对外政策方面,为尽快融入世界经济,跟上世界经济一体化的步伐,对内,实行统一关税,开放成员国间的国内市场,吸引外国投资,特别是为未雨绸缪迎接“后石油时代”的到来,加大对非石油领域的投资,包括对金融、旅游等服务业以及加工制造业、农业的投资力度;对外,扩展海外投资,利用石油收入积累的雄厚资金,通过资产运作,积极开展海外资产的并购,扩大财富规模。

4. 一体化进程

1981 年 11 月海合会签署“经济一体化协议”,即迈开经济一体化的步伐,并将关税同盟、共同市场、货币和经济联盟作为主要目标和任务。2003 年,海合会启动关税同盟建设,对内不再征收成员国原产品的关税,对外实行统一的关税,还取消成员国之间的贸易限制,力图实现劳动力市场的统一和货币的自由流动。2008 年,海合会启动共同市场建设,沙特、科威特、卡塔尔、巴林等先后批准了货币联盟协议。海合会的稳步发展提升了国际影响力,在西亚(中东)地区成为一体化成就最明显的地区性国际组织,激发了其他阿拉伯国家入盟的欲望。2001—2011 年期间,海合会相继批准了也门、约旦、摩洛哥等国的入盟请求,对此海合会秘书长扎耶尼给出的理由是“约旦和摩洛哥与海合会成员国同祖同根、命运相连、制度相似、关系紧密”。[①]但伊朗和伊拉克仍被排斥在外,这使得作为海湾国家的地区组织显得名不副实。

5. 发展中的问题

海合会也毫无例外地存在很多发展中的问题,这些问题主要体现在如下几个方面。第一,各国经济的互补性较弱。由于经济结构、贸易产品雷同,经济和贸易互补性不强,导致区域内相互依赖度程度不高。第二,各国石油政策彼此不一。主要是沙特等储量富裕国家立足于长远,倾向石油低价政策,而阿曼等储量有限国家,则希望限产,抬高油价。第三,各国自由贸易政策各持己见。如 2004 年巴林单独与美国签署了自由贸易协议,引起沙特等国的强烈不满;在关税同盟方面,沙特希望保护本国的工业,工业品进口关税只能降到 6%—8%左右,而阿联酋则希望实行 1%—4%的低关税。第四,各国普遍面临严峻的民生问题。海合会成员国同样面临高出生率、高失业率的“双高”问题,六国 25 岁以下人口占总人口的 54%,[②]“要工作、要收入、要民主、要平等”所触发的“阿拉伯之春”危及海湾国家王室统治基础,海湾国家必须认真对待并解决以就业为主的民生问题,成员国需要协调各自的民生政策,促进在教育、医疗、住房、基础设施建设等方面的合作。最后,政府财政收入趋紧。由于受世界经济复苏缓慢的影响,石油需求量下降,油价持续低迷,海合会产油国普遍面临石油收入减少,高补贴政策难以为继的局面。

6. 沙特一国独大

沙特在海合会组织中占据老大地位,为维护海湾六国的集体意志起到了中流砥柱的作用。有鉴于此,沙特在海合会的发展方向上起着主导作用,例如沙特设想以欧洲一体化进程为模版,提出开放成员国边界,

---

① 新华网:《约旦和摩洛哥申请加入海合会》,http://news.xinhuanet.com/2011-05/11/c_121400904.htm,引用于 2016 年 12 月 8 日。

② 中国驻沙特使馆经济参赞处网站:《海湾国家加大对教育、住房及培训领域的投资》,http://sa.mofcom.gov.cn/article/jmxw/201207/20120708231659.shtml,引用于 2016 年 12 月 8 日。

接通六国的公路和铁路，实现商品、劳务、资金、人员的自由流动。但是，成员国加入海合会并不意味着将放弃主权，特别是在政治、外交、安全和军事领域，各国仍保留最终决定权，无非由松散的合作关系走向更紧密的合作关系而已。对此本地区大国伊朗对沙特的建议表示明确反对，担心沙特操纵和做大海合会取得地区优势。2012年，海合会出兵平息了巴林骚乱，伊朗指责沙特想借机吞并和控制巴林。

7. 海合会与东盟自由贸易关系的发展

海合会与东盟的双边关系是海合会在自由贸易框架下深化双边经贸比较成功的区域合作范例。

第一，双边关系的建立与发展。20世纪90年代以前，海合会通过联合国与东盟发生官方接触，20世纪90年代之后，双方建立了联系机制。2000年2月，海合会官员正式访问东盟总部，双方探讨了合作事宜。2008年海合会在马来西亚设立“海合会—东盟经济中心”(AGEC)，正式在东盟设立双边关系机构，期待在油气、贸易、金融、食品、农业、旅游、信息、教育等领域进行合作。2009年海合会与东盟举行首届部长级会谈，双方探讨了建立合作框架和贸易协定的可能性，并签署了“海合会—东盟两年工作计划”，实质性地启动双方合作步伐。

第二，自由贸易协定谈判的启动。新加坡率先在东盟国家与海合会开展自由贸易谈判，于2008年12月与海合会签署了自由贸易协定，不仅为东盟其他国家与海合会开展自由贸易谈判作了示范，而且为东盟最终与海合会达成自由贸易协定铺平了道路。新加坡外长杨文荣为此说道：“事实上，新加坡希望不仅仅与海湾合作委员会之间订立协议，并且希望东盟与海合会之间也能订立这样的协定。”①2010年马来西亚表示将与海合会进行自由贸易谈判。尽管海合会国家经济结构比较单一，东盟内部各成员国经济发展水平也存在差异，但新加坡和马来西亚率先与

① Gulf News(海湾新闻网), http://gulfnews.com/business/economy/singapore-wants-free-trade-pact-for-gcc-and-asean-1.601608, March 23, 2010,引用于2016年12月8日。

海合会洽谈自由贸易协定将有助于从推动单个国家与区域组织的机制合作,发展为打开两个自由贸易区之间机制合作的局面。目前据媒体报道,双方已经完成双边自由贸易协定文本的研究工作,为开展谈判做好了前期准备。

第三,建立以石油换粮食的经济互补模式。海合会成员国发展农业有两大致命伤,一是境内沙漠连片,可耕地面积非常有限;除沙特外,其余几个国家国土面积狭小,没有大规模种植农作物的可耕地。二是淡水资源缺乏,以海水淡化发展农业灌溉的成本较高。因此粮食安全一直是海合会国家关注生存发展的重要任务,过去其在世界粮食市场上以采购为主,现在主动与粮食国家合作建立异国粮食生产基地。东南亚地区水系发达,河网密布,气候湿润温和,土地辽阔且肥沃,是世界重要的粮仓之一。2008 年科威特与缅甸达成贸易和投资协议,科威特直接在缅甸投资农业生产;此外海合会还在马来西亚、菲律宾等国建立清真食品生产基地。东盟国家为发展工业,需要确保能源安全,在积极参与全球能源市场竞争的同时,2009 年在首次东盟与海合会部长会议上,双方达成了以石油换粮食的战略意向,一方确保另一方的粮食需求,另一方确保对方的石油需求,东盟和海合会实现了经济互补,实现了双赢。2010 年东盟轮值主席阮明哲道出了双方合作的根源:“你们拥有我们所没有的,而我们拥有你们所没有的,因此我们必须携手起来。”[①]

四、经济合作组织(Economic Cooperation Organization)

经济合作组织(ECO)是根据《联合国宪章》成立的跨区域国际组织,其目标是建立一个单一的货物和服务市场,致力于改善成员国的发展并促进贸易与投资机会。

---

① Ghazanfar Ali Khan, “Stronger GCC-ASEAN Ties Pledges”, MENAFN, April 12, 2010. 转引自钮松:《东盟—海合会经贸合作及其对中阿经贸合作的启示》,《中国—阿拉伯国家经贸论坛理论研讨会论文集(2010 第一辑)》,第 164 页。

1. 多样性的跨区域组织

20 世纪 60 年代中期伊朗、土耳其与巴基斯坦三国商议建立有助于各国经济发展与合作的组织，1985 年该组织正式挂牌，总部设在德黑兰，1992 年吸纳了阿塞拜疆、阿富汗、土库曼斯坦、乌兹别克斯坦、塔吉克斯坦、吉尔吉斯斯坦和哈萨克斯坦等七个国家。这是一个地域相连，横跨中亚、西亚、南亚和高加索地区的跨区域国际经济组织。该组织成员国呈现民族多样、文化多元、政体多形、对外政策各异、经济发展参差不齐的特征，其唯一的共性是信仰同一种宗教——伊斯兰教。该组织成员国面积总和近 800 万平方千米，人口总量约 4.17 亿，人均 GDP 约为 3 578 美元。①其潜在的市场容量远大于海合会。

2. 发展目标

根据经济合作组织官方网站的表述，其基本目标是：成员国的可持续经济发展；逐步消除贸易壁垒、促进区域内贸易；发挥其在世界贸易增长中的更大作用；成员国经济逐步融入世界经济；发展交通运输和通讯基础设施，将成员国彼此及与外部世界联系起来；经济自由化和私有化；动员和利用经合组织区域的物质资源；有效利用经合组织区域的农业和工业潜力；开展区域合作，以实现药物滥用管制、生态和环境保护以及加强区域内人民之间的历史和文化联系；加强与区域和国际组织的互利合作。②

3. 初级一体化

该组织的宗旨是加强成员国在经济、文化、技术等领域的合作。由于经济合作组织有七个成员国地处内陆，没有出海口，简化成员国之间的通关手续，消除贸易壁垒，实现贸易便利化成为该组织的最近目标，这也是这些内陆国家加入该组织的原因。1995 年该组织成立贸易开发

---

① 中国商务部网站，http://www.mofcom.gov.cn/aarticle/i/jyjl/j/201110/20111007785838.html，引用于 2016 年 12 月 8 日。

② The Economic Cooperation Organization（经济合作组织官方网站），http://www.ecosecretariat.org/in2.htm，引用于 2016 年 12 月 8 日。

银行、联合再保险公司、联合航空公司和联合航运公司等四个机构，以推动成员国间的贸易便利化。该组织的旗手伊朗先后与中亚的哈萨克斯坦、塔吉克斯坦、土库曼斯坦、吉尔吉斯斯坦等国签署了“过境贸易协定”和“过境运输框架协议”。搭建成员国公路、铁路、航空运输网络是该组织的中期目标，为此其确定了以伊朗、巴基斯坦和土耳其三国为出海口的公路、铁路运输线规划框架。但是经济合作组织的基础设施比较薄弱，大规模兴建和改建交通设施，既缺乏资金，也缺乏技术。

尽管如此，近年来经济合作组织成员国已经在很多领域内开展了合作项目，并取得了初步进展。在 2016 年 12 月召开的区域规划委员会第 27 次会议上，与会成员国审议了包括贸易和投资、运输和通信、能源矿物和环境、农业工业和旅游项目、经济研究和统计、人力资源和可持续发展、查缉毒品和有组织犯罪、对外关系及政策等在内的多项议题，重点讨论了在信息和通信技术方面开展区域合作的建议，特别强调在区域内加快应用空间数据基础设施。①这些行动是这一跨区域国际经济组织走向一体化的实质性措施。

4. 与域外国家的合作

经济合作组织的特点是自身合作程度低，但成员国同区域外的合作程度高于区域内的合作程度，如土耳其与欧盟的合作、巴基斯坦与中国的合作、中亚国家与俄罗斯和中国的合作等。加之伊朗长期受到以美国为首的西方阵营的经济制裁，其想发挥领头羊作用显得力不从心。与海湾合作组织相比，经济合作组织的一体化进程要缓慢得多。

经济合作组织重要成员土耳其与欧盟的关系不一般，土耳其的入盟之旅经历非凡，奔波了多个阶段。一是联系国阶段。1959 年，土耳其便向欧共体提出成为联系国的要求，1963 年的《安卡拉条约》确定了土耳其的联系国地位。二是关税同盟阶段。1973 年双方达成关税同盟的协

① The Economic Cooperation Organization（经济合作组织官方网站），http://www.ecosecretariat.org/ftproot/Press_Rls/2016/Dec/5I.htm，引用于 2016 年 12 月 8 日。

议,土耳其被要求参照欧共体标准,改革国内的关税体系,1996 年土耳其与欧共体关税同盟正式实现。三是入盟谈判阶段。土耳其在 1987 年向欧共体正式提交入盟申请,但直到 1999 年欧盟才同意将土耳其纳入候选国名单,2005 年才开始同土耳其进行入盟谈判,在中东欧国家纷纷加入欧盟的情况下,土耳其至今未能成为欧盟的正式成员。欧盟早先的理由是土耳其经济水平低,国内政局不稳;之后又称土耳其军政府违反人权,没有履行欧盟义务;甚至一度以与塞浦路斯冲突为由,停止与土耳其的入盟谈判,2013 年双方再次重启谈判。进入 2016 年,土耳其对欧盟的态度发生大转折,埃尔多安政府对欧盟迟迟不接纳土耳其表示失望,土耳其不再热衷于与欧盟对接,开始全方位地发展与其他国家的经贸关系,特别是与俄罗斯、中国等国家建立密切的经贸关系。

从土耳其、巴基斯坦等成员国发展经贸关系的对象可以看出,成员国与非成员国的双边经贸关系走在了成员国之间经贸关系的前列,未来区域外双边自由贸易模式将引导经济合作组织一体化的发展方向,以双边来推动区域内的多边一体化将是经济合作组织的发展趋势。

第三节　中国与西亚(中东)的区域合作现状

中国与西亚(中东)有着传统的友好关系,自古以来西亚(中东)是丝绸之路的主要通道,双方有着悠久的人员和贸易往来的历史。目前西亚(中东)是中国的主要能源来源地。据统计,2014 年,沙特阿拉伯、阿曼、伊拉克、伊朗、阿联酋、科威特,分别贡献了中国石油进口额的 16%、10%、9%、9%、4%和 3%,即中国进口石油的 51%来自西亚(中东)国家。[①]当年,中国已经超过美国,成为世界最大的石油净进口国。而西亚(中东)所需的轻纺产品、机电产品、装备制造、交通设施等则从中国进

---

① Statista Inc.(Statista 网站),https://www.statista.com/statistics/221765/chenese-oil-imports-by-country/,引用于 2016 年 11 月 26 日。

口,2015年,中国向阿联酋、沙特、土耳其、伊朗四国的出口额均超过100亿美元,分别达到370.7亿美元、216.8亿美元、186.3亿美元和178.3亿美元;[①]进口方面,中国自沙特、伊朗、阿曼、伊拉克、阿联酋的进口额分别达到301.5亿美元、160.3亿美元、150.6亿美元、126.7亿美元和115.3亿美元。[②]

一、中国与西亚(中东)共建“一带一路”

2016年1月,习近平主席的年度首访选择了沙特、埃及和伊朗,表明了中国高度重视与西亚(中东)地区发展双边友好关系。习近平主席在阿拉伯国家联盟发表演讲,首次阐明了中国“一带一路”倡议在西亚(中东)阿拉伯世界的政策。

首先,倡议合作共建“一带一路”。习近平主席指出,中阿两个民族经受了历史和时间的考验,“在古丝绸之路上出入相友,在争取民族独立的斗争中甘苦与共,在建设国家的征程上守望相助”。他呼吁在“和平、创新、引领、治理、交融”理念指导下,阿拉伯国家与中国共同建设“一带一路”,推动各自的民族复兴大业。[③]

其次,明确共建“一带一路”抓手。从中国与阿拉伯国家各自的产业优势和薄弱环节出发,抓住经济全球化的机遇,紧盯新科技革命的发展趋势,构建以能源合作为主轴,以基础设施建设、贸易和投资便利化为两翼,以核能、航天卫星、新能源三大高新领域为突破口的“1+2+3”的合作格局。

再者,构建互利共赢的“一带一路”合作模式。对中国而言,中国的发展离不开西亚(中东)的能源,确保能源安全供应是中国经济发展的重要保障,中国与阿拉伯国家的合作将以“油气+”为主,构建互惠互

① 中华人民共和国国家统计局:《2016年中国统计年鉴》,中国统计出版社,2016年,第359页。

② Trading Economics(贸易经济网),https://tradingeconomics.com/china/imports-by-country,引用于2016年11月26日。

③ 参见《跨越60年,信守共创美好未来之道》,《人民日报》,2016年1月22日,第21版。

利、安全可靠、长期友好的中阿能源战略合作关系。对阿拉伯国家而言，工业化始终是国家发展的主攻战略，摆脱依赖于油气资源的单一经济结构是经济发展的方向，因此，工业化进程需要中国的产能合作，建立健全的产业结构，创造更多的就业岗位，促进社会经济可持续的稳定发展。

必须指出，中国明确表示，在西亚（中东）地区倡议进行“一带一路”合作实行“四不”政策，即不干涉内政、不找代理人、不搞势力范围、不谋求填补“真空”。中国真心诚意地与阿拉伯民族“心手相连、并肩攀登”（习近平语），编织互利共赢的合作伙伴网络。中国“做中东和平的建设者、中东发展的推动者、中东工业化的助推者、中东稳定的支持者、中东民心交融的合作伙伴”。①

二、中国与西亚（中东）区域组织的关系

在区域一体化进程中，中国与西亚（中东）的联系不局限于国与国之间的双边关系，也发展与该区域国际组织的关系。中国与该区域的主要国际组织，阿拉伯国家联盟、海合会和经济合作组织等都建立了良好的合作关系。

1. 中国与阿拉伯国家联盟的关系

中国同阿盟于1956年建立联系。近几十年来，双方关系日益密切，交往不断增多，在国际事务中保持协调和相互支持的友好关系。在政治领域，2004年1月，胡锦涛同志访问阿盟总部，会见穆萨秘书长及22个阿盟成员国代表，双方共同宣布成立“中阿合作论坛”。同年9月，李肇星同志出席在开罗召开的“中阿合作论坛”首届部长级会议，“中阿合作论坛”正式启动。在经贸和投资领域，据商务部的统计，2014年，中阿贸易额达到2 512亿美元，同比增长5.2%；其中出口1 139亿美元，增长

① 参见新华网：《中国明确在中东的新角色》，http://news.xinhuanet.com/2016-01/22/c_1117868382.htm，引用于2016年12月8日。

12.3%,以机电产品、纺织服装、高新技术产品、日用五金等为主,进口则以原油和石化产品为主。中国在阿拉伯国家的直接投资存量至2014年底已超过100亿美元,主要涉及资源开发、家电组装、轻工和服装加工等领域;阿拉伯国家累计在华实际投资31亿美元,主要涉及石化、物流、轻工、建材等领域。[①]阿拉伯国家联盟主管经济事务的助理秘书长穆罕默德·图维吉里表示,中阿合作潜力巨大,中阿合作在改善投资环境、扩大投资规模和拓宽投资渠道方面大有可为。[②]

2016年1月21日,国家主席习近平在开罗会见阿盟秘书长阿拉比,强调中阿两个民族在追求民族独立和国家发展进程中始终相互理解、相互支持,中方愿加强同阿盟的友好关系,期待阿盟在促进中阿友好方面继续发挥引领作用。阿拉比则强调,中国始终站在发展中国家一边,始终支持发展中国家。所有阿拉伯国家感谢中国对阿拉伯事业的支持,并高度重视对华友好与合作,愿在政治、经济等各领域和国际地区问题上同中国密切合作,充分发挥“中阿合作论坛”作用,促进双方共同利益。[③]

2. 中国与海合会的关系

海合会是西亚(中东)地区一体化发展最成熟的次区域组织,在中国与海合会的双边关系中,经贸关系自然占有重要地位,双方已经形成了互利共赢的合作伙伴关系,双方经济互补性主要体现在能源、贸易、工程承包和投资等领域。中国主要出口纺织品、机电产品、高新技术产品等,海合会国家主要出口石油及其石化产品。除在2009年受国际金融危机影响双方贸易额有所下降外,从2004年至2013年中国对海合会的进口总额增长达539%,出口总额增长达472%,中国同海合会的贸易长

---

① 参见中国网:《商务部:14年中阿贸易额2 512亿美元 同比增长5.2%》,http://www.china.com.cn/cppcc/2015-08/17/content_36330062.htm,引用于2016年12月8日。

② 参见新华网:《中阿合作:潜力巨大 前景乐观》,http://news.xinhuanet.com/world/2015-09/12/c_1116542316.htm,引用于2016年12月8日。

③ 参见《习近平会见阿拉伯国家联盟秘书长阿拉比》,《人民日报》,2016年1月22日,第2版。

期处于逆差状态表明中国对海合会的能源需求量较大。①此外，海合会是中东地区最大的承包市场。中国工程建设公司具有强大的竞争力，先后在石油、通信、住房、道路、水泥等工程项目中中标，在海湾市场占有一席之地。目前中国与海合会在工程承包和投资领域的合作方兴未艾，前景广阔。

2004 年海合会与中国签署了双边合作框架协议，开始启动双边自由贸易谈判。谈判历程艰难且缓慢，曾一度停摆。2016 年，双方重启自由贸易谈判，先后经历了三轮谈判。2 月 29 日—3 月 3 日，第六轮谈判在沙特利雅得举行，5 月 8 日—10 日，第七轮谈判在中国广州举行，10 月 25 日—27 日，第八轮谈判移至北京举行。三轮谈判双方就服务贸易、投资、经济技术、电商以及货物贸易遗留问题等内容进行了深入磋商，取得了一定进展。②媒体预测双方有望在近期达成全面自由贸易协定。

海合会是中国在西亚（中东）推进人民币国际化的主要平台。2015 年 4 月 14 日，西亚（中东）地区首个人民币清算中心在卡塔尔首都多哈正式启动，该清算中心不仅为当地贸易与投资提供人民币服务，而且也帮助其他西亚（中东）国家通过卡塔尔交易的人民币业务，这为吸引更多投资者使用人民币结算创造了条件。③ 2015 年 12 月，中国人民银行与阿联酋中央银行签署关于在阿联酋建立人民币清算安排的合作备忘录，将人民币合格境外机构投资者试点扩大到阿联酋，投资额度为 500 亿元人民币。双方还续签了双边本币互换协议，互换规模为 350 亿元人民币/200 亿阿联酋迪拉姆，有效期三年。中国人民银行有关负责人表示，这些安排标志着中阿两国金融合作迈出新步伐，有利于

---

① 参见翟大宇：《"一带一路"背景下中国与海合会自由贸易协定前景研究》，国家信息中心网站，http://www.sic.gov.cn/News/455/5291.htm，引用于 2016 年 12 月 8 日。

② 参见中华人民共和国商务部网站，http://www.mofcom.gov.cn/article/ae/ai/201610/20161001481372.shtml，引用于 2016 年 12 月 2 日。

③ 参见中国网：《中东首个人民币清算中心启动》，http://finance.china.com.cn/roll/20150416/3061501.shtml，引用于 2016 年 12 月 2 日。

中阿两国企业和金融机构使用人民币进行跨境交易,促进双边贸易、投资便利化。[①]

中国与海合会双边合作机制初步形成,深化经贸关系的前景非常广阔。第一,秉着互利共赢的理念,双方有望在达成自由贸易区协定的新起点上,推进双边贸易与投资的便利化。第二,双方将进一步发挥各自特长,实现优势互补。中国是世界产粮大国,海合会是世界能源重镇,双方各有需求。我们鼓励海合会国家来中国投资现代农业,建立粮食生产基地,中国将用粮食换取长期稳定的油气供应。第三,深化在产能方面的合作。海合会国家经济结构比较单一,中国可以在石化工业、机械制造、基础设施、轻纺工业等领域投资海合会国家,发挥中国的产能优势,帮助海合会国家发展多元经济。第四,深化在金融领域的合作。在建设人民币结算中心的基础上,形成人民币与当地货币国际结算机制,促进海合会成为区域国际金融中心,稳定区域金融体系。

3. 中国与经济合作组织的关系

经济合作组织的成员国位于亚欧大陆“心脏地带”,扼守霍尔木兹海峡和黑海海峡两个海运要道,是世界主要油气产区和油气管道输出区,战略地位重要而敏感。域外的美国、欧盟、印度、日本和中国等十分重视发展与该地区的双边关系。目前中国与经济合作组织的交流较少,但与其成员国关系密切,而且10个成员国全部为“一带一路”沿线国家,其中七个内陆成员国迫切希望打通通往海洋的通道,基础设施建设的需求非常庞大。该组织的目标之一是发展交通和通信基础设施建设,以增强各成员国之间与外部世界的交流与连通,[②]这与中国倡导的互联互通相吻合,中国可借此与该组织对接,建立联系机制。伊朗作为该组织的所在地,非常渴望推进经济合作组织与中国建立合作机制,这是中国“一

---

① 参见新华网:《人民币合格境外机构投资者试点地区扩大到阿联酋》,http://news.xinhuanet.com/fortune/2015-12/14/c_1117457764.htm,引用于2016年12月2日。

② Economic Cooperation Organization(经济合作组织官方网站),http://www.ecosecretariat.org/in2.htm,引用于2016年12月2日。

带一路"倡议难得的合作机遇。

第四节 西亚(中东)地区主要节点国家和城市(港口)

"21世纪海上丝绸之路"建设是一项长远发展规划,西亚(中东)地区是海上丝绸之路的重要组成部分,是连接亚洲、欧洲和非洲的枢纽,建设好西亚(中东)的节点国家和城市(港口),将有助于推进海上丝绸之路的建设,促进该地区经济、贸易的发展。

一、西亚(中东)节点国家和城市(港口)的考量

西亚(中东)是海上丝绸之路的重要区域,在本地区选择合适的节点国家和城市(港口)是海上丝绸之路合理布局、顺利实施的重要保障。中国社科院周方银研究员以路线"支点"来表述节点国家和城市的含义,他指出所谓重要支点国家指在大国的全球或地区布局中,"可以对其在国际体系中的影响力起到显著增强或可靠支撑作用的国家"①。对中国来说,支点国家就是与中国有着长期稳定、高度可预期的战略合作关系的国家,双方之间不是简单的、基于实用目的的、纯粹功利的合作关系,而是具有高度政治共识和政策默契,能够经历外部冲击和国际环境变幻,能够承受一定国际压力考验的战略合作关系。②鉴于节点国家和城市(港口)在推进海上丝绸之路建设中的重要作用,有学者认为节点国家和城市应当具备战略位置突出、辐射能力强、参与意图强烈、双边关系水平高以及安全系数稳定等要素。③参照上述要求,西亚(中东)

① 参见中国社会科学网:《战略支点国家:研究未来十年中国外交和战略体系构建的新视角》,http://www.cssn.cn/gd/gd_rwhn/gd_mzgz/201407/t20140717_1257830_2.shtml,引用于2016年12月17日。

② 赵雅婷:《"一带一路"背景下中国战略支点的选择——以中国同哈萨克斯坦的战略合作为例》,《新疆社会科学》,2015年第6期,第75—80页。

③ 杜正艾:《精选"一带一路"建设战略支点国家的意义与建议》,《行政管理改革》,2016年第6期,第29—34页。

地区可作为海上丝绸之路建设节点国家的有伊朗、土耳其、埃及，节点城市(港口)有恰巴哈尔、苏伊士、伊斯坦布尔、迪拜等。

二、节点国家

在西亚(中东)区域，节点国家的选择主要考虑其在今后和未来地缘政治与经济中所发挥的作用。伊朗处于西亚与中亚和南亚的接合点上，土耳其在西亚、高加索和东欧的接合点上，埃及则在亚洲、欧洲与非洲的接合点上，这三个国家都具有地缘重要性。

1. 伊朗

伊朗是有着悠久的历史和灿烂的传统文化。伊朗之所以能作为海上丝绸之路节点国家是因为其有着不可比拟的优势和特点。第一，独特的地理位置。伊朗地处里海南岸、波斯湾北岸，东与阿富汗和巴基斯坦接壤，东北与土库曼斯坦交接，北与俄罗斯、哈萨克斯坦隔里海相望，西北连接高加索地区和土耳其，西与伊拉克交界，南面遥望阿拉伯半岛。伊朗是中亚地区通往印度洋的必经之地，是陆上丝绸之路南线的主要通道，中国、中亚国家经过伊朗才能到达欧洲。伊朗几乎占据了波斯湾北岸，扼守霍尔木兹海峡，世界石油运输线的命脉捏在其手中。伊朗是亚洲中部南与北和东与西交往的十字路口，辐射八方，在互联互通的当今世界具有重要的地缘作用。第二，重要地区大国。伊朗面积 164.8 万平方千米，在西亚仅次于沙特；人口 7 900 万，独占西亚鳌头；石油生产能力和石油出口量分别位于世界第四位和第二位，是世界重要能源大国；拥有该地区最强大的军事力量，陆海空等现役军人 51 万，具有自制中短程弹道导弹和提炼低浓度核燃料的科技能力。第三，经济结构比较齐全。除石化工业外，还有钢铁、汽车制造、机械、电子、电力、核工业、计算机、纺织、食品加工等，科技和教育比较发达，有巨大的发展潜能。第四，对外政策有反美。伊朗是世界上为数不多的持反美国策的国家，公开反对美国的全球战略和地区政策，凡美国在该地区的政策都遭到伊朗的明确反对。伊朗是中国在全球战略和地区策略上可以借重的一支力量。第五,积极支持"一带一路"倡议。伊朗明确表示"一带一路"倡议符合伊朗的发展方向,认为伊朗是欧亚大陆桥南线最便捷、最合适的路线,希望中国通过"一带一路"倡议,加强与伊朗的合作,投资伊朗的基础设施和经济园区建设。

2. 土耳其

土耳其是地跨亚洲和欧洲的国家,国土疆域主要在亚洲,亚洲部分占据了整个小亚细亚半岛,安纳托利亚高原横贯东西,东北与格鲁吉亚、亚美尼亚、阿塞拜疆相交,东部与伊朗接壤,东南与伊拉克衔接,南部边界国家是叙利亚;其在欧洲的部分属巴尔干半岛的色雷斯地区,分别与保加利亚和希腊为邻。土耳其三面环水,北是黑海,南和西是地中海,博斯普鲁斯海峡、马尔马拉海和达达尼尔海峡组成的土耳其海峡连接黑海和地中海,1973年建成通车的首座博斯普鲁斯海峡大桥将亚洲和欧洲大陆连接在一起。土耳其不仅是欧亚大陆南部亚洲与欧洲陆地衔接的桥梁,也是欧亚大陆水域黑海和地中海联通的水道。土耳其在互联互通中的地缘价值不言而喻。

小亚细亚历史上一直是东西方文明的交汇处,土耳其人的祖先创建的奥斯曼帝国吸收融合了拜占庭政治文明、波斯艺术文明、阿拉伯科学文明,其将东罗马文化、波斯文化和伊斯兰文化集于一身,在长达五百年的近代历史上,在欧亚大陆政治角逐中占据了重要地位,直到第一次世界大战解体。中国与土耳其自1971年建交以来,双边关系较为稳定。近年来,随着中国综合国力的提升,土耳其借力发展的欲望非常强烈,尽管土耳其有亲西方的传统,但也积极发展与中国的关系,吸引中国的投资和技术。20世纪90年代中土两国先后签订了"投资保护协定"以及"避免双重征税协定",为双边发展贸易和投资铺平了道路。中国向土耳其主要出口机电、通信产品和纺织品等,土耳其向中国出口矿产、石材、农产品等。进入21世纪,双方经贸关系由贸易领域向投资领域拓展，中国重点在土耳其的基础设施、能源、通信、采矿、旅游等领域投资，土耳其则在华投资加工制造、酒店、工程等服务领域。2014 年中国参与建设的安卡拉至伊斯坦布尔的高铁正式通车，设计时速 250 千米，这是西亚地区第一条高速铁路，被誉为是现代化的“新丝路”。2015 年 7 月土耳其总统埃尔多安访华，双方在经贸合作领域达成了新的共识，当年 11 月习近平主席赴土耳其出席 20 国集团领导人安塔利亚峰会，与埃尔多安总统就双边关系、国际和地区问题深入交换了意见；2016 年 9 月，埃尔多安总统来华出席 20 国集团领导人杭州峰会，中土签署了四项合作协议。2016 年，中土双边贸易额为 195 亿美元，其中中国出口 167 亿美元，进口 28 亿美元，[①]中国成为土耳其第三大贸易伙伴。

土耳其是西亚（中东）拥有 7 300 万人口的大国，平均年龄为 28 岁，土耳其充沛的劳动力和得天独厚的地缘优势，赋予其在西亚（中东）具有不可忽视的发展潜力和经贸辐射力。布热津斯基在其《大棋局》一书中，将土耳其视为欧亚大陆大棋盘上重要的地缘“支轴”国家，[②]在推行“一带一路”倡议过程中，土耳其将起到至关重要的联通作用。通过土耳其可以向阿拉伯半岛、高加索地区和东南欧国家输送和转运中国商品，拓展第三方市场。有评论称，“一带一路土耳其板块”已初现雏形。土耳其作为海上丝绸之路的节点国家，仅基础设施领域就需要上千亿美元的投资。土耳其迫切希望同中国在石油、电力、交通、运输、通信、旅游、金融等领域深化合作，双方期待到 2020 年中土贸易达到 1 000 亿美元。

3. 埃及

埃及是北非西亚最重要、最有影响力的国家之一，是“一带一路”沿线主要节点国家。埃及的重要性体现在如下几个方面。第一，三大洲交

① 中华人民共和国外交部网站，http://wcm.fmprc.gov.cn/pub/chn/gxh/cgb/zcgmzysx/yz/1206_31/1206x1/t6363.htm，引用于 2017 年 3 月 2 日。

② 兹比格纽·布热津斯基：《大棋局——美国的首要地位及其地缘战略》，上海人民出版社，2007 年，第 180 页。

汇之地，战略地位显赫。埃及横跨非洲和亚洲，处地中海南岸，北望欧洲，国土的主体部分在红海以西，西部边界和南部边界分别与利比亚和苏丹接壤，亚洲部分的西奈半岛与以色列相接，隔亚喀巴湾与约旦和沙特相望。第二，苏伊士运河开通，联通两洋的咽喉要道。红海经苏伊士运河直通地中海，船只不再绕道好望角，大大缩短了印度洋与大西洋、亚洲与欧洲之间的航程。苏伊士运河货物运输量占世界海运的14%，西欧进口的石油70%通过苏伊士运河。苏伊士运河是世界上最繁忙的航道，每年为埃及创汇50多亿美元，是埃及收入来源的支柱。第三，中埃两国关系发展稳定、牢靠。埃及是第一个与中国建交的阿拉伯和非洲国家，1999年双方建立战略合作关系，2014年升格为全面战略伙伴关系，塞西总统上任以来先后两次访华，习近平主席也于2016年回访埃及，双方战略合作的基础牢固，两国之间在重大国际事务方面不存在原则性或重大的政治分歧。中埃关系是中国与非洲和阿拉伯国家合作的典范。第四，中埃两国经济交往密切且高度互补。中国是工业品制造大国，埃及是工业品消费大国，两国贸易发展迅猛，2016年，中国—埃及进出口总额达109.93亿美元，其中中国进口5.53亿美元，向埃及出口104.4亿美元，是中国在非洲的第二大出口国。[①]此外，中国在埃及的投资也增长很快，2016年1月，习近平主席与埃及总统塞西会晤，同意在交通运输、远程教育、防治荒漠化、基础建设与空间科学等领域共同发展；双方还同意开发中埃苏伊士经贸合作区，该合作区将为当地创造一万多个就业机会。中国企业家已经投资了大约5亿美元的项目，预计将再投资25亿美元。最后，中埃两国民心相照，互鉴互通。中埃都是文明古国，互相敬重对方的悠久历史和文化。埃及是旅游资源大国，近年来，赴埃及旅游的中国人越来越多，2015年赴埃及旅游的中国游客达12万人次，创下历史新高；2016年前7个月赴埃的中国游客已达10万

---

① 中华人民共和国商务部，http://www.fmprc.gov.cn/zflt/chn/zxxx/t1452476.htm，引用于2017年5月1日。

人次,保持了良好的发展势头,全年或将达到 20 万人次。[①]中国的快速发展掀起了埃及人学习中文的热潮,埃及许多大学纷纷开设了中文专业,埃及的汉语教学规模在西亚(中东)地区首屈一指,超过了其他阿拉伯国家的总规模。

三、节点城市(港口)

海上丝绸之路重点考察的是城市(港口)的经济基础和经贸辐射力,它的潜在承载能力、加工能力和转运能力,以发挥其在国际航运中的枢纽作用与地区经济中的虹吸和辐射作用。

1. 恰巴哈尔港

恰巴哈尔港对伊朗的重要性在于,首先,恰巴哈尔港是伊朗国家项目“南北运输走廊战略”(Noth-South Transportation Corridor)和“沿海地区发展计划”(The Mokran Coastal Area)实施的战略要冲,是伊朗经济发展新的生长点;同时恰巴哈尔港是伊朗南部东西走向的能源管道和东部南北走向的运输走廊的汇合点。其次,恰巴哈尔港是伊朗原油出口的新基地,伊朗正在加紧建设西部油气产区至恰巴哈尔的油气管道,实现油气资源出口多渠道。再者,一旦霍尔木兹海峡发生战事,恰巴哈尔港将维系伊朗与外部世界的海上通道,不至于令伊朗被掐断石油出口路线,被束缚在内陆。恰巴哈尔港是伊朗的战略生命线。还有,恰巴哈尔将借助西部能源发展石化工业,借助东部矿藏发展钢铁、冶金、机械制造和电力,伊朗力争将恰巴哈尔建成伊朗第三大工业基地。

恰巴哈尔港对“20 世纪海上丝绸之路”的意义在于,第一,恰巴哈尔港是西亚在印度洋航线上的重要节点港口,是伊朗东部地区对外开放的前沿。对内,可满足国内市场的需求;对外,可作为国际航运中转站。

---

① 中国网:《今年中国赴埃及游客预计将突破 20 万人次》, http://intl.ce.cn/sjjj/qy/201609/11/t20160911_15790605.shtml,引用于 2016 年 12 月 2 日。

第二,恰巴哈尔港是国际原油新码头,未来国际市场可以不受霍尔木兹海峡的制约,直接从恰巴哈尔港获得石油和天然气。对中国而言,可以借助伊巴原油管道,从陆路将原油输入中国西部重镇喀什,恰巴哈尔将成为中巴原油管道石油的来源之一。第三,恰巴哈尔是中亚地区乃至俄罗斯进入印度洋最便捷的出海口,是陆水联运的重要节点港口。伊朗与俄罗斯曾于 2000 年商议"南北运输走廊战略",设想采用航运与铁路、公路对接的方式,建立由南亚经过西亚通往中亚或高加索到达俄罗斯的货运通道,最终延伸到北欧国家。这对印度而言是一个必须抓住的机会,其"西进战略"正有此意图,希望通过海上运输、伊朗—中亚通道,进军中亚,与俄罗斯进行贸易往来。[①]2016 年印度联合阿富汗与伊朗签署了投资 5 亿美元建设恰巴哈尔港的协议,虽然象征意义大于实际意义,但国际媒体普遍认识到恰巴哈尔港的重要性及其未来前景。[②]第四,恰巴哈尔港作为海上丝绸之路的节点港口,通过伊朗"南北运输走廊战略"可与陆上丝绸之路经济带相连,实现"一带"和"一路"在西亚的连接,届时可以连通整个西亚、中亚和欧洲地区。第五,恰巴哈尔港的发展前景对国际市场具有吸引力。由于伊朗盛产石油,恰巴哈尔背靠东部矿藏腹地,具备建设现代工业的条件,加上中亚国家亟需借道出海,因此以"南北运输走廊战略"为通道的恰巴哈尔港的战略地位骤然提升。近来,伊朗正大张旗鼓地对外宣传恰巴哈尔的商业价值,比如恰巴哈尔港已经可以使用,恰巴哈尔自由贸易区已粗具规模,恰巴哈尔将成为伊朗第三大工业基地等,以吸引世界各国前来投资。据报道,目前德国、法国、奥地利等欧洲国家,印度、日本以及中国等亚洲国家都表示了投资意向。

---

① Hindu(印度教徒报网): *Iran deal spells good tidings for India*, http://www.thehindu.com/opinion/lead/lead-article-iran-deal-spells-good-tidings-for-india/article7085906.ece,引用于 2016 年 12 月 2 日。

② Hindustan Times(印度斯坦时报网): *India, Iran and Afghanistan sign Chabahar port agreement*, http://www.hindustantimes.com/india/india-iran-afghanistan-sign-chabahar-port-agreement/story-2EytbKZeo6zeCIpR8WSuAO.html,引用于 2016 年 12 月 2 日。

2. 苏伊士

苏伊士位于埃及东部苏伊士运河南端，向北进苏伊士运河，向南出苏伊士湾通红海，扼守苏伊士运河，是印度洋—地中海—大西洋海上丝绸之路黄金水道的门户。

苏伊士的吸引力在于，一是区位优势，地处亚欧非交界处，苏伊士运河畔，辐射西亚、北非和地中海。二是交通便利，苏伊士港是埃及重要的货运和原油港口，水深 8—12 米，可停泊 10 万吨船舶，有铁路和公路通往埃及内陆，还有油气管道与首都开罗相通；紧邻埃及第三大港口因苏哈纳港，其水深 17 米，可停泊 15 万吨船舶，是苏伊士港的姊妹港。三是人力资源丰富，劳动力价格便宜，出口成本低，加工贸易优势明显，有利于吸引外资。四是苏伊士经济区前景诱人，埃及政府将其定位为埃及最大的经济自由贸易区，目前已形成石化、纺织、化肥、建筑材料、钢材、造纸等现代产业架构，是西亚(中东)地区在加工制造、物流、保税、技术开发、商贸和现代服务等领域最有影响的经济开发区。

苏伊士作为海上丝绸之路重要节点港口的理由在于，第一，埃及积极响应中国“一带一路”倡议。2014 年 6 月在北京举办的中阿合作论坛第六次部长级会议上，埃及表示欢迎并支持“一带一路”倡议，12 月中埃两国建立全面战略伙伴关系，总统塞西明确表示愿积极参与“一带一路”倡议。①第二，苏伊士运河的航运价值重要，在海上丝绸之路建设中，苏伊士运河是亚洲与欧洲互联互通的重要通道，有了这条通道，船只不必绕过遥远的非洲南端好望角，可大大缩短航程，减少运输费用。2012 年，总计 17 225 艘船穿过苏伊士运河(平均每天 47 艘)。②第三，中国倡议的海上丝绸之路完全可以与埃及苏伊士运河区域发展规划对接，为埃及的经济发展服务。1998 年中国与埃及签订合作开发苏伊士经济区的

---

① 人民网:《埃及总统塞西表示——愿积极参与实施“一带一路”战略构想》，http://world.people.com.cn/n/2014/1220/c1002-26243376.html，引用于 2016 年 11 月 30 日。

② Suez Canal Traffic Statistics(苏伊士运河交通统计数据)，https://web.archive.org/web/20100215214021/http://www.suezcanal.gov.eg/TRstat.aspx?reportId=3，引用于 2016 年 11 月 30 日。

备忘录，中国政府指定天津与埃及合作，中埃共同组建合营投资股份公司，借鉴中国经济特区的建设经验，在苏伊士经济区建立中埃经济特区示范区。中埃合作区一期项目占地1.34平方千米，共投资1亿美元，吸引近10亿美元的外来投资，其中90%是中国企业，为埃及创造了2 000多个工作岗位。2006年二期项目开工，扩大到6平方千米，计划投资2.3亿美元，为落户企业提供标准厂房和配套服务，有望吸引200家企业，30亿美元的滚动投资。目前中埃合作区工业开发粗具规模，已形成建材、机械制造、电器、石油装备和纺织服装等五类产业。[①]苏伊士经济区中埃合作区的成功开发为中国与西亚（中东）国家的合作树立了榜样，也为中国企业走进中东市场做了良好的铺垫。第四，苏伊士港在区域经济中的作用将越来越重要。随着苏伊士经济区的发展、外国投资的增加、更多企业的落户，以工业为主的制造业将带动贸易的发展，苏伊士港的吞吐量将逐年上升。

3. 伊斯坦布尔

伊斯坦布尔是世界历史名城，始建于公元前658年，史称拜占庭；公元324年，改名君士坦丁堡，1453年，始称伊斯坦布尔。

博斯普鲁斯海峡为黑海海峡之首，是黑海进入地中海之咽喉，伊斯坦布尔地处博斯普鲁斯海峡之畔，扼守黑海，战略地位显著，自古以来就是兵家必争之地。按照1936年《蒙特勒公约》规定，土耳其海峡为国际航道，可自由通行，但对非黑海国家的军舰通行做了限制，并禁止交战国的军舰通行；而且土耳其认为受到战争威胁时，有权允许或禁止任何军舰通过海峡。如今博斯普鲁斯海峡对罗马尼亚、保加利亚、乌克兰、格鲁吉亚而言至关重要，是这些黑海沿岸国家的唯一出海通道。

伊斯坦布尔横跨欧亚大陆，主城区落在欧洲，由三座大桥架设在博斯普鲁斯海峡之上，将亚洲和欧洲连接在一起，是欧亚大陆南部唯一的陆路通道。2016年建成通车的第三座大桥，工程耗资30亿美元，主桥

① 天津北方网：《苏伊士经贸合作区二期全面启动 占地6平方公里》，http://news.enorth.com.cn/system/2016/01/29/030786749.shtml，引用于2016年11月30日。

全长 1.4 千米，宽 59 米，有八条公路车道及两条铁路车道，日通车量可达 13.5 万辆。伊斯坦布尔港位于博斯普鲁斯海峡的西南端，濒临马尔马拉海的东北，是世界上最大的天然海港之一。在海峡两侧均有码头，码头平均水深 12 米，最大的油轮码头可停泊 25 万吨大型油船。伊斯坦布尔港承担了土耳其全国 50％的进口和 15％的出口运输量，是土耳其最大海港；同时伊斯坦布尔港也是国际航运枢纽，在此可以转接海运与陆运货物。伊斯坦布尔有两座大型国际机场，阿塔图尔克和格克琴国际机场，前者 2015 年的旅客运输量为 6 132 万人次，随着机场扩建工程的完工，年旅客吞吐量将达 8 000 万人次。土耳其航空公司拥有全球 113 个国家 285 个目的地航线。对中国旅客而言，可以搭乘土耳其航空公司的飞机飞往欧洲 41 个国家的 103 个目的地，以及非洲 27 个国家的 42 个目的地。①伊斯坦布尔已成为国际重要航空枢纽港。

伊斯坦布尔有 5 343 平方千米，1 400 多万人口，占土耳其总人口的 18.5％，是土耳其最大的城市。伊斯坦布尔工业门类比较齐全，有石油化工、机械制造、食品加工、纺织、电子、医药、汽车、皮革等产业，金融、旅游、运输等服务业也比较发达，是土耳其的工业和贸易中心，繁荣和发达程度在西亚（中东）地区首屈一指。2010 年，伊斯坦布尔占土耳其全国国民生产总值的 23％，国家财政收入的 40％，出口总额的 46％，进口总额的 40％。自 20 世纪 90 年代中期以来，伊斯坦布尔一直是经合组织认定的世界增长最快的地区之一，2011 年，在全球城市地区排名中名列第 29 位。②伊斯坦布尔地理位置重要、经济实力强、交通基础设施完善，这些条件使其可以成为海上丝绸之路节点城市的考虑对象。在“一带一路”路线图上，伊斯坦布尔是欧亚大陆桥南线的重要通道，是陆上丝绸之路和海上丝绸之路的交汇点。

---

① Istanbul Ataturk Airport（伊斯坦布尔阿塔图尔克机场官方网站），http://www.ataturkairport.com/en-EN/abouttav/Pages/iaaterminal.aspx，引用于 2016 年 11 月 30 日。

② İstanbul Büyükşehir Belediyesi（伊斯坦布尔城市官方网站），http://www.ibb.gov.tr/sites/ks/en-US/0-Exploring-The-City/Location/Pages/Economy.aspx，引用于 2016 年 11 月 30 日。

4. 迪拜

迪拜是阿拉伯联合酋长国的一个酋长国，地处阿拉伯半岛东部，濒临波斯湾南岸，面积 3 980 平方千米，常住人口 280 万左右。迪拜因世界第一家七星级帆船酒店(Burj Al Arab)、世界最高的摩天大楼哈利法塔(Burj Khalifa Tower)、全球最大的购物中心迪拜贸(Dubai Mall)、世界最大的室内滑雪场阿联酋贸(Ski Dubai)、世界最大的人工岛棕榈岛(Palm Island)而享誉全球，被称为"波斯湾明珠"，是奢华的代名词。

迪拜在国际海运航道上不见得有特殊的地理优势，阿联酋腹地很小，人口也不多，经济总量也不大，市场承接度有限，但迪拜是一个国际化程度很高的城市，其现代化的城市建设、完善的金融体系、四通八达的航空网络和诱人的发展前景吸引了众多国际投资者，成为西亚(中东)地区最开放、最现代化的城市。

第一，迪拜是国际化城市。在迪拜常住人口中，非本地人口占 80%以上，阿拉伯人、欧洲人以白领为主，南亚和东南亚人以建筑劳工为主，但人数居多。第二，迪拜是多元化经济结构。2014 年的统计数据显示，在迪拜的产业结构中，贸易占28.9%、交运仓储通信占 15.5%、制造业占 13.8%、房产及商业服务占 13.3%、金融业占 11.1%、基建占 7.6%。[①]昔日的朝阳产业石油，如今已不再是迪拜的主业，仅占迪拜 GDP 的 2%，迪拜已成功转向了多元化经济发展模式。第三，迪拜金融服务业发达。为避免单一经济带来不良后果，迪拜在 2004 年创办了迪拜国际金融中心(Dubai International Financial Center)，专门为西欧、北美、东亚等外资企业的投资与贸易提供金融服务。2016 年底，在 DIFC 注册、有较高业务活跃度的公司达 1 648 家，吸引各类专业人才 21 611 人。从迪拜国际金融中心服务的区域分布看，35%来自中东、32%来自欧洲、11%来自亚洲、10%来自美国、10%来自其他国家。迪拜没有实行外汇管制政策，国际

---

① 中华人民共和国驻迪拜总领馆经商室，http://dubai.mofcom.gov.cn/article/jmxw/201505/20150500983116.shtml，引用于 2016 年 11 月 30 日。

货币可以自由流动。2014 年 12 月,阿联酋央行高级官员透露,阿联酋与中国央行期望在阿联酋设立人民币清算中心;目前中国四大银行都已在迪拜设立分行或子行,具备与迪拜金融机构合作在当地进行人民币清算业务的条件。第四,迪拜是海空转运的枢纽港。迪拜国际机场(Dubai International Airport)是西亚(中东)地区最大的航空港,每日有 300 多个航班,飞抵世界各地 130 个目的地。欧洲、非洲、东亚、美洲的旅客在此逗留观光和转机,2016 年过夜旅客 1 490 万人次,旅客吞吐量达 8 360 万人次,预计 2025 年将达 1.5 亿人次。迪拜航空展的规模仅次于巴黎航展和英国范登堡航展,成为世界第三大航展。2013 年,迪拜航空业占 GDP 比重为26.7%,预计到 2030 年将占 45%,达 881 亿美元。[①]迪拜港有 125 条通往世界各地的海运航线,迪拜进口货物中 70%是转运商品。迪拜最大的港口公司迪拜港口国际集团称其 2017 年第一季度的集装箱量为 1 640 万标箱。迪拜港中的杰贝勒阿里港(Jebel Ali Port)有 65 个泊位,跨度达 15 千米。

迪拜奉行稳定的自由经济政策,鼓励国内外资本投资工业、商业和服务业等领域。这不仅使迪拜成为西亚(中东)的投资热土,也使其成为全球金融、航空、旅游中心。来自阿联酋官方数据显示,2016 年已有 4 200 家中国企业在阿联酋开展业务,其中,在迪拜工商局登记在册的中国企业达 3 000 家。[②]迪拜的金融地位、交通优势和经济实力,决定了其成为“一带一路”的节点城市。

第五节 域外经济体与西亚(中东)的区域合作

西亚(中东)地区地缘意义极大,资源丰富,市场前景广阔,历来是

① 中华人民共和国驻迪拜总领馆经商室:http://dubai.mofcom.gov.cn/article/jmxw/201705/20170502577088.shtml,引用于 2016 年 12 月 24 日。

② 中国商务新闻网:《“一带一路”为中企在迪拜创造机会》,http://epaper.comnews.cn/news-1140587.html,引用于 2016 年 12 月 24 日。

域内外经济体关注的焦点。中国提出"一带一路"倡议后,美国、欧盟、俄罗斯、印度和日本等都从自身利益出发解读倡议背后的意义,各自推出了应对"一带一路"倡议的对策,在地缘政治与经济领域形成了与中国既竞争又合作的动态关系。

一、美国

美国是世界超级大国,长期以来将西亚(中东)地区作为其战略关注的重点。

1. 美国的中东战略

奥巴马上台伊始,美国在西亚(中东)面临多重危机,巴以和谈陷入僵局,伊拉克和阿富汗和平前景任重道远。由于奥巴马政府将战略重点放在"重返亚太",避免直接卷入西亚(中东)的地面冲突,对西亚(中东)地区的政策以维持自身优势地位、保持域内国家总体稳定为主。

根据有关学者的研究,奥巴马任内的美国西亚(中东)战略目标可具体分解为五个方面:一是维护美国盟国的安全、打击反美政权,重点确保以色列、土耳其和沙特等盟国的安全;二是防范俄罗斯重返中东,压缩俄罗斯在中东的战略空间;三是反对中东大规模杀伤性武器扩散;四是打击恐怖主义和伊斯兰极端主义势力;五是确保中东能源供应和经济安全。[①]从中也可以看出,奥巴马的美国西亚(中东)政策,尽管以能源与经济安全为基础,但重点还是在高级政治领域,即地区安全与稳定,以避免干扰和危及美国的全球战略。

2. 美国—中东自由贸易区

1993 年克林顿政府提出了囊括所有西亚(中东)国家的"大中东市场"计划,即建立一个消除关税壁垒的统一大市场。由于阿以冲突升级,克林顿"大中东市场"计划不了了之。2003 年布什政府为缓解师出

---

① 姚匡乙:《美国中东政策的调整与困境》,《国际问题研究》,2014 年第 1 期,第 31 页。

无名的伊拉克战争所引发的阿拉伯民众的不满，推出了“美国—中东自由贸易区”设想，以帮助该地区发展经济为名，换取美国推行的地区秩序。为此，美国要求西亚(中东)国家站在美国的反恐阵营，放宽美国公司进入中东地区进行贸易和投资的门槛。布什的倡议产生了一定的效果，美国先后与以色列、约旦、巴林、摩洛哥等国签订了自由贸易协议，与沙特、阿联酋、科威特、卡塔尔、也门、阿曼、阿尔及利亚、突尼斯和埃及签署了贸易投资框架协议。当然美国经济援助的背后具有深远的政治意图，美国希望看到中东国家出现政治改革，实行西方民主制，建立自由市场经济制度，以经济促政治变革，以经济促安全和平。

3.“新丝绸之路”计划

2011年7月，时任美国国务卿希拉里·克林顿在印度的一次演讲中首次提及美国的“新丝绸之路”计划。该计划的设计者弗雷德·斯塔教授的本意是为解决阿富汗的重建工作寻找方法，即参照古代中国与欧洲的丝绸之路，建设一条连接南亚、西亚、中亚和欧洲的交通运输线与经济发展带，以阿富汗为枢纽，将油气资源丰富的中亚、西亚国家与经济发展迅速的印度和经济发展水平高的欧洲联系在一起，带动区域间的贸易和经济发展。但是美国国务院将其上升为美国在南亚、西亚和中亚遏制中国的地缘政治战略，为“亚太再平衡”战略提供落脚支点。2013年2月希拉里·克林顿辞去国务卿，其鼓吹的“新丝绸之路”不再有下文。实际上，弗雷德·斯塔教授原本的“新丝绸之路”与2014年中国提出的“一带一路”倡议有异曲同工之处，打通欧亚大陆内陆中亚与沿海地区的贸易通道，将中亚国家的油气资源和阿富汗的物产输送到国际市场，形成一条以中国和印度为起点，贯通欧亚大陆的大通道，这将有助于扩大欧亚大陆的贸易与市场，促进经济一体化的发展。

二、欧盟

西亚(中东)地区是欧盟及其成员国的传统势力范围，欧盟的政治与经济重心相当一部分倾注于西亚(中东)地区,关注其政治稳定和经济发展。

1. 欧盟政经兼顾的中东政策

欧盟与地中海沿岸阿拉伯国家有着深厚的历史和文化渊源,在现代化进程中,阿拉伯国家将欧盟当作合作伙伴,而欧盟则把地中海南岸和东岸当作自己的战略大后方。在经济上,双方互补性也很强,欧盟国家严重依赖西亚(中东)的石油和天然气;而西亚(中东)国家则需要欧盟的技术、资金和设备。

欧盟在西亚(中东)的政策是兼顾政治与经济,既关心该地区的冲突与安全,又关心该地区的能源与供应。"自1995年以来,'安全'特别是'稳定'字眼在欧盟的北非中东政策中就占据了中心位置",[①]能源与经济利益仅次于安全利益。

2. 欧盟与海合会的经济关系

欧盟/欧共体与海合会之间的合作较为务实。两个组织之间的合作伙伴关系开始于20世纪80年代,后来逐步建立起以政治对话、自由贸易谈判和经济合作为三大支柱的合作框架。2005年,欧盟和海湾合作委员会之间进一步开展了多方面的合作,并开始在不同层次上实施。政治方面,共同理事会建立的政治对话机制被确定为合作伙伴关系的正式组成部分;经济方面,双方在能源、信息技术领域开展合作,欧盟在海合会设立了投资中心;文化方面,双方开展媒体、教育等方面的合作。

近年来,欧盟与海合会重点在两个领域开展跨区域合作。一是能源领域。在过去几十年的合作基础上,开始实现能源合作重点的转移,从传统的油气产业的勘探、开发、生产逐步转向能源运输管道网络建设、可再生能源和清洁能源开发以及提高能源使用效率等新的议题。在新能源领域,海合会希望获得欧盟的技术转让,以支持海合会成员国多元经济的发展。二是自由贸易谈判领域。双方经历了多轮谈判,始终难以

① 张健:《欧盟对北非、中东政策的走势》,《现代国际关系》,2011年第4期,第37页。

消除分歧。在关税同盟方面,海湾合作委员会从1998年开始加快了统一关税的步伐,并于2001年建立了关税联盟,以跟上欧盟的自由贸易步伐,但欧盟将关税同盟与人权问题挂钩。在海合会重要出口领域能源方面,欧盟一方面希望海合会成为欧盟能源来源的稳定供应商,另一方面又以环境保护为由,对海合会的能源及其产品征收高额关税,并实行配额制。由于海合会成员国内部经济发展存在差异,欧盟的统一标准也不利于海合会协调统一的立场。

3. 欧洲—地中海伙伴关系

1995年,在欧盟巴塞罗那宣言中提出了“欧洲—地中海伙伴关系”(Euro-Mediterranean Partnership)的动议,得到了地中海沿岸国家的积极响应。其时欧洲一体化进程进展顺利,中东欧等国家纷纷要求入盟,激发了欧盟南下的雄心。“欧洲—地中海伙伴关系”旨在建立以欧盟为主导的环地中海经济圈,是欧盟全球战略的重要组成部分,囊括了27个欧洲联盟成员国及16个伙伴关系国(阿尔巴尼亚、阿尔及利亚、克罗地亚、埃及、以色列等)。

首届欧盟—地中海南岸国家部长会议确定的发展目标是到2010年使欧盟与地中海南岸国家成为自由贸易区。2005年首届欧盟—地中海南岸国家首脑会议举行,会议发表了“五年行动计划”,除了在政治上要求稳定地中海南岸国家的安全外,在经济上提出要实现农产品和服务业贸易的自由化,并重申在2010年前建成欧盟—地中海自由贸易区。欧盟虽然出资金、出技术,帮助地中海南岸和东岸国家发展经济,但由于欧盟东扩后负担加重,自身内部矛盾重重,加之中东和平进程停滞不前,经济一体化的发展并不如预期,“巴塞罗那进程”进展不大,可以说,欧盟心有余而力不足,而伙伴国则发展水平低。具体表现在:一是经济发展水平差距较大,地中海南岸和东岸欠发达国家达不到欧盟的标准;二是欧盟财力有限,满足不了伙伴国家对发展经济的资金需求;三是欧盟成员国人口结构潜在变化的可能及其将导致的政治与社会后果,已经引起人口导入国的警觉,无条件、开放的劳动力自由流动政策几乎成为不可能。可见,由于欧盟经济发展水平高,在制度构建、组织规划等方面具有明显的优势,而地中海伙伴国在短期内根本达不到欧盟提出的要求,欧盟与地中海欠发达国家实现自由贸易的条件还不成熟。

三、俄罗斯

西亚(中东)是俄罗斯欧亚大陆南下战略的重点,两极格局时期,苏联与美国在这一地区有多次交手,俄罗斯至今保持着在该地区充当裁判员的角色。

1. 俄罗斯的西亚战略意图

普京执政后的俄罗斯一反"冷战"结束时的收缩政策,对西亚(中东)地区事务的介入力度越来越大,其在西亚(中东)的战略支点国家主要是伊朗、叙利亚、土耳其。

俄罗斯在伊朗存在重大战略利益。伊朗在西亚(中东)地区的战略地位及其影响力,是俄罗斯重视发展与其关系的理由所在;俄罗斯与伊朗隔里海相望,里海石油资源的开发以及油气管道的走向需要伊朗的合作;在西方制裁的情况下,俄罗斯也渴望进入伊朗市场,发展双边经贸关系。具体来看,安全上,发展良好的俄伊关系有利于抵御美国和欧盟在西亚(中东)实力的扩张;经济上,俄罗斯和伊朗在能源、军火、基础设施等方面的贸易与合作加深了彼此经济伙伴关系;地缘战略上,俄罗斯发展与伊朗的关系,有助于俄罗斯"重返中东",增加俄罗斯在西亚(中东)事务中的发言权。

近年来俄罗斯与叙利亚的关系基本上围绕叙利亚危机展开。俄罗斯之所以重度介入叙利亚内战有多方面的原因。首先,从历史上看,自 20 世纪 70 年代以来,叙利亚在安全上一直高度依赖苏联/俄罗斯,一直是苏联/俄罗斯在中东的忠实代理人。现在两国特殊关系维持了这么多年，俄罗斯不会轻易遗弃传统盟友。[①]其次，从大国战略看，俄罗斯亟需插手叙利亚危机，以重振昔日大国形象，与以美国为首的西方共享在中东事务上的发言权。第三，从军事和经济效益看，除了锻炼俄罗斯军队的实战能力和检验武器装备的性能外，俄罗斯通过叙利亚危机增加了在国际市场的武器订单。据估计，俄罗斯在叙利亚的军事行动耗资数亿美元，却得到了60亿—70亿美元的军火收益，弥补了因油价下跌导致的外汇收入的减少。再者，俄罗斯担心叙利亚危机外溢，威胁俄罗斯国内政局的稳定，干预叙利亚危机是俄罗斯国内政治的需要。

俄罗斯与土耳其的双边关系最近两年发展较为曲折，在经历2015年11月土耳其击落俄罗斯战斗机事件后，两国关系恶化、破冰，又走向改善。俄土之所以接近在于土耳其与西方的关系出现了罅隙，土耳其在战略上需要有更多回旋空间，“不吊死在一棵树上”；而俄罗斯则需要作为北约成员国的土耳其“开小差”，在北约围堵俄罗斯的封锁线上撕开一个口子。俄土不仅在战略上相互需要，而且在经济上也相互需要。俄罗斯是土耳其第一大进口来源国、第二大贸易伙伴和第二大出口目的地，能源和游客的重要来源国；土耳其则是俄罗斯的第五大贸易伙伴，俄罗斯能源的第二大买家以及食品和农产品的供应国，在西方经济制裁下，俄罗斯短缺的日常生活用品确实需要新的补给国。尽管双方都可以寻找第三方实现替代战略，但远水解救不了近火，俄罗斯与土耳其之间的贸易战对双方不利。2016年，两国首脑埃尔多安与普京实现了互访，迅速恢复了双方在能源、经贸、反恐、地区安全等领域的合作。

可以看出俄罗斯在西亚(中东)的战略具有三重属性。首先是双边属性，即俄罗斯发展与域内大国的关系，加强双边在经贸、能源、政治、军事等方面的合作；第二是区域属性，即俄罗斯借助与域内大国的关系，将自身实力投射到西亚地区，以左右地区事务，发展和巩固在西亚

① 孙德刚：《苏(俄)在叙利亚军事基地部署的动因分析》，《俄罗斯研究》，2013年第5期，第87—119页。

(中东)的势力范围;第三是全球属性,即通过发展其西亚—中东战略伙伴甚至盟友关系,对抗美国的战略挤压,削弱北约东扩的涟漪。

2. 俄罗斯与西亚(中东)国家的经贸关系

对俄罗斯而言,由于近年来国际石油市场价格持续在低位徘徊,美欧经济制裁不曾松动,严重制约了俄罗斯经济的复苏,尽管普京称俄罗斯经济最糟糕的时候已经过去,但经济形势的前景仍不乐观。在此背景下,保持与西亚(中东)地区良好的经贸联系,对俄罗斯经济的恢复和发展、实现普京"2025 年振兴俄罗斯的宏伟目标"显得更加重要。

俄罗斯与西亚(中东)国家的经济关系体现在四个方面。①一是贸易方面,尽管西亚(中东)地区与俄罗斯的贸易额占俄罗斯贸易总量的比重并不太大,但双方贸易领域的潜力较大,2012 年双方贸易总额相较于 2000 年,翻了 6 番,尤其是在军火贸易上,俄罗斯是西亚(中东)国家的主要供应商;二是投资合作领域,俄罗斯在中东国家投资额约 40 亿美元,这一数字还在增加;三是能源领域,俄罗斯和中东国家都是世界主要能源出口国,俄罗斯的优势是石油开采设备和管道铺设技术,双方在此领域拥有合作空间;四是食品生产和农产品领域,对非产油国而言,俄罗斯与其进行"石油换粮食"是可接受的方案。

四、印度

冷战后的印度对西亚(中东)政策基本上可以概括为"平衡外交"。②这里重点探讨印度与海合会的合作。

印度与海合会的合作在最近十几年发展较快。"9・11"事件之后,出于共同应对国际恐怖主义威胁、维护海湾地区稳定以及保障能源安全的考虑,印度与海合会关系全面发展。2005 年,印度提出一项"向西看"

① 参见顾志红:《中东动荡局势:俄罗斯的利益权衡与政策选择》,《西亚非洲》,2015 年第 2 期,第 58—72 页;吴盼盼:《西方制裁下的俄罗斯对外贸易现状分析》,《经济论坛》,2015 年第 6 期,第 135—138 页。

② 马嫚:《印度对西亚政策的演变》,《南亚研究》,2008 年第 2 期,第 33—43 页。

政策,将双边关系推升为战略合作伙伴关系。在该政策的指导下,印度与沙特、阿曼、阿联酋、科威特等国在政治、经济、安全等领域的关系迅速升温。具体来看,在政治领域,印度与海合会及其成员国的高层互访频繁,尤其是印度与沙特关系发展很快,双方在2005年签署了《德里宣言》,就能源安全、联合反恐、经贸往来等方面达成了共识;在经济领域,双方经贸往来密切,2010年印度取代中国成为海合会最大贸易伙伴,海合会成为印度第一大进口来源地和第二大出口目的地;在安全领域,印度加强与海合会国家的合作,印度先后与阿联酋、阿曼、卡塔尔和沙特签署了防务合作协定,甚至在2008年与卡塔尔的协定中,特别提到印度在必要时将会考虑在卡塔尔驻军,以保护其免于遭到外来攻击;在文化领域,双方在宗教、电影、教育、旅游等方面都有不同程度的合作。[①]尽管如此,印度与海合会的合作也存在一些问题。就发展前景来看,由于本地区复杂的地缘政治环境以及印度自身实力的有限,印度与海合会在安全与政治方面的合作受到诸多因素限制,因此,今后双边合作的主要领域还是局限在经济领域,包括能源安全,在政治、安全领域难以取得进一步的较大突破。总之,印度在西向政策下与海合会国家的经济合作议题多、水平高、发展快。当然,难以否认的是,印度总是另眼看待中国在该地区的存在,防范中国在西亚(中东)地区影响的增加,随着“一带一路”倡议的逐步落实,中印两国只有多沟通,互相体谅和包容对方,才能在各自战略的推进中互不伤害对方。

五、日本

日本因资源贫乏,依赖从西亚(中东)进口石油,迫使其重视与西亚(中东)国家发展经贸关系。同时,其也不乏与中国在西亚(中东)开展竞争之意。

---

① 李益波:《试析印度与海合会关系的变化及其原因》,《西亚北非》,2013年第3期,第146—160页。

1. 日本的西亚(中东)政策

21 世纪以来,日本的西亚(中东)政策主要有三大目标,即配合美国的"大中东计划"、确保本国的石油安全利益、在西亚(中东)地区扩大自己的国际影响。①政治上,西亚(中东)作为全球冲突不断的热点地区,又是日本最重要的盟国——美国外交战略的重中之重,日本始终跟随美国的中东政策,保持"对美协调",在阿以对立中扮演调停者的角色。经济上,西亚(中东)作为世界上最重要的油气产地,对严重依赖进口能源的日本来说有着天然的重要地位,日本在西亚(中东)推行"能源外交",高度重视与产油国发展良好的双边关系,以确保能源供应形成稳定长效机制。因此,"美国"与"石油"是左右日本西亚(中东)政策的两大要因,如何保持二者的平衡,并在西亚(中东)这个极具战略重要性的区域扩大影响、实现利益最大化,是日本西亚(中东)政策始终不变的主题。为此,安倍政府在巩固与美国的同盟关系的同时,积极加深与西亚(中东)国家的经济合作。这不仅是为了确保日本在西亚(中东)石油供应的安全,也是为了在该地区推销日本的产品和技术,为"安倍经济学"扩大市场。

2. 日本与西亚(中东)经贸合作

近年来,日本政府越来越多地将西亚(中东)视为经贸往来的重点地区,推出了许多由政府出面主导的投资计划。2013 年以来,安倍分别对卡塔尔、阿联酋、沙特、科威特、阿曼等西亚(中东)地区的油气输出国进行了访问,旨在巩固和加强双边能源合作,并宣传和推销日本的核电技术、基础设施等。2016 年上半年,日本瑞穗银行等机构决定在中东设立专项基金,用以推广日本的农产品及食品,扩大出口。日本农林中央金库与中东的政府基金等将共同出资 4 亿美元,在当地筹建农产品生产以及食品流通网络。②

---

① 金熙德:《日本对中东政策的演变轨迹》,《日本学刊》,2006 年第 4 期,第 25—36 页。

② 中华人民共和国商务部,http://www.mofcom.gov.cn/article/i/jyjl/j/201603/20160301269345.shtml,引用于 2016 年 12 月 24 日。

总的来看,日本在西亚(中东)的区域合作主要着眼于能源安全和商品市场,并且在政治安全领域受到美国政策的掣肘。可以预期,在特朗普全球战略收缩的背景下,日本在西亚(中东)的经济活动和战略行为有增多的趋势;对域内国家而言,它们也乐见于中国、日本以竞争态势进入基础设施领域和能源市场,从而为自己赢得更好的合作条件、更大的盈利空间。

第六节 推进西亚(中东)区域合作应注意的几个问题

中国在西亚(中东)推进“21世纪海上丝绸之路”倡议面临诸多问题与挑战,域内外各种复杂情景使我们必须认真研究,沉着应对。

一、加强互联互通基础设施建设的合作

基础设施建设既是中国的优势所在,也是西亚(中东)发展之需,双方有良好的合作基础。在海上丝绸之路建设中,基础设施建设是重中之重。

1. 充分发挥亚投行的投融资平台作用

西亚(中东)地区存在巨大的基础设施建设需求,需要在印度洋—地中海航运线上建设世界级港口和担当未来水陆联运的区域性枢纽港口,由于该地区错综复杂的政治经济关系,一直缺少有效的统合地区基础设施建设的投融资平台,加之基础设施薄弱的国家资金严重短缺,以至于资金问题成为该地区基础设施发展的最大障碍,亚投行的诞生将有助于问题的解决。

作为一个亚洲区域性政府间国际组织,亚投行最基本的宗旨是提升亚洲的基础设施建设总体水平,促进亚洲的经济发展和繁荣,为区域内互联互通基础设施建设项目提供融资服务。对中国而言,亚投行则为中国基础设施建设相关产业走向国际市场提供了投资融资渠道。亚投行

可以从投资、贸易、金融等三个领域为西亚(中东)地区的基础设施建设提供资金支持。在投资方面,亚投行拥有雄厚的资金和健康的资金筹措平台,并吸引了英国等欧洲金融强国加入亚投行,进一步增强了亚投行的融资能力;在贸易方面,亚投行将促进本地区一体化的发展,开展基础设施领域的物资贸易,从而带动中国港口设备、船舶制造等产品和技术的输出;在金融方面,亚投行将促进各国货币间的合作,以利于消除国际投资与贸易中货币结算的障碍,同时也有利于中国人民币的国际化。可以说,亚投行在整合国际资本、促进国际贸易与投资等方面发挥的作用,是"21 世纪海上丝绸之路"建设的重要保障。

2. 重点加强与海上丝绸之路的节点国家和节点城市(港口)合作

海上丝绸之路在西亚(中东)的建设,需要确定重点,以点带面,逐步推进。要发挥西亚(中东)"三洲五海之地"的地缘优势,以航运为主线,建构布局西亚(中东)立体交通主干网络,以节点国家为引领,开展港口、公路、铁路、航空、油气管道等基础设施建设,使"一带一路"倡议下的互联互通构想真正落地见效。

以伊朗为例,伊朗是域内最重要的地区性大国之一,伊核协议签订后,伊朗迫切需要大力发展国内经济,而经济的发展又迫切需要发展以交通为主的基础设施建设并拓展国际市场的对外通道。因此,中伊两国在基础设施建设方面有着广阔的合作空间。第一,可以打通以恰巴哈尔港为节点的能源出口渠道。伊朗是重要的能源输出国,恰巴哈尔港既可以担负海上运输,又可以担负陆上运输。建设恰巴哈尔至南亚的油气管道,不仅使伊朗油气资源能够从陆路输往巴基斯坦和印度,也可以使中巴能源管道从陆路引进伊朗油气资源。第二,加快轨道建设。据统计,伊朗铁路总长 1.3 万千米,仅有 1 800 千米是双轨铁路,远不能满足人们出行和旅游发展的需求。为此,鲁哈尼政府将国内轨道交通建设列入国家优先发展项目,重点建设高铁和城铁,以期大幅度提高轨道交通运输能力。中国在轨道交通建设方面拥有技术优势,目前中国已投资建设德黑兰—伊斯法罕高铁项目和德黑兰—马什哈德电气化铁路项目。第三,更新信息通信设备。伊朗电信业整体发展缓慢,设备陈旧、技术落后,而中国通信企业技术先进、设备一流、服务到位;此外,伊朗国内信息管制严厉,重返伊朗市场的西方通信公司在这样的商业环境中并不被信任,这些都为中国企业进军伊朗通信市场创造了条件。2017 年,伊朗电信公司与中国华为集团合作,将对伊朗的固定电话和移动电信网络进行整合升级。①第四,积极筹措资金。中国利用亚投行平台,除了为伊朗基础设施项目提供资金支持外,还帮助伊朗开展老城区旧居民点的重建工作。②

二、对接和提升双边、多边贸易和投资政策

总体而言,在海上丝绸之路沿线地区的贸易投资便利化问题上,呈现自由化程度低、覆盖面窄、各自为政的局面,反映出各国经济发展水平的不同、利益的不一致、法律制度的差异,目前尚未形成有约束力的协调机制。③西亚(中东)地区区域环境复杂,贸易与投资自由化进展缓慢,需要在加强基础设施建设的基础上,同步跟进双边、多边贸易和投资政策的对接与提升。

中国与西亚(中东)地区国家的自由贸易谈判可以从如下几方面着手。第一,注重本地区区域性国际组织的作用,以区域一体化程度比较高的区域组织为突破口,抓紧自由贸易谈判进程,如加快与海合会谈判的步伐,取得示范效益,以带动中国与西亚(中东)地区其他国家的自贸协议的谈判。第二,需要加强政府间的政策沟通与协调,先确定自由贸易协定谈判的时间与相关议程,避免谈判言之无物。第三,必须正视域

---

① 中国网:《伊朗电信与华为合作升级固定电话和移动电信网络》,http://tech.china.com.cn/telecom/20170509/297043.shtml,引用于 2016 年 12 月 18 日。

② 商务部网站:《亚投行行长称随时准备为伊朗基础设施项目提供融资》,http://www.mofcom.gov.cn/article/i/jyjl/j/201611/20161101802099.shtml,引用于 2016 年 12 月 18 日。

③ 张晓君:《"一带一路"战略下自由贸易区网络构建的挑战与对策》,《法学杂志》,2016 年第 1 期,第 29—39 页。

内国家的切身利益,在推动双边/多变自由贸易协定谈判的过程中,创新谈判方法,将所在国的国家利益与"一带一路"倡议下贸易和投资的特点联系起来。第四,要充分认识到西亚(中东)域内经济一体化不是简单的经济问题,而是受制于复杂的政治、经济、民族、宗教等各种因素牵制的综合性问题,应将双边区域自由贸易协定作为长远目标,以"小步走、不停步"的方式,分步骤谈判。

三、结合所在国国情推介中国经验

中国改革开放40年的建设取得了举世公认的巨大成就,也积累了丰富的实践经验。中国经验在"21世纪海上丝绸之路"建设中可以与相关国家的经济发展需要和国情相结合,帮助它们少走弯路,加快经济建设步伐。

经验之一,经济开发区建设。经济开发区是产业工业园区、出口加工区、经济技术开发区、高新技术开发区、金融贸易区、保税区等的统称。设立经济开发区,目的是为了引进先进技术、设备、资金、人才和管理,与国际接轨,增加就业、扩大出口、积累资本、发展技术,建立自主产业,在中国改革开放的历史进程中经济开发区做出了重大贡献。目前建立经济开发区已是国际上发展经济的普遍做法。

在"21世纪海上丝绸之路"倡议的推进过程中,中国经济开发区的发展经验得到了沿线国家的认可,要求中国开发区到国外建园的呼声很高。[①]为此,中国在经济开发区经验输出方面应把握好三点经验与教训。一是科学规划。要全面深入了解所在国的国情和发展需要,对接其经济社会发展战略,科学合理地制订园区发展规划,做到定位准确,有市场需求和前景,使开发区能带动当地经济社会发展,成为城市机能的要素,国家产业的支柱,最终帮助所在国形成自我造血功能。二是综合平

① 牛雄等:《总结优化开发区模式,推动落实"一带一路"构想》,《光明日报》,2015年7月29日,第16版。

衡发展。不输出唯GDP评价指标，倡导效率与公平、城市与农村、发展与环境兼顾与统筹的发展理念，做到资源配置有效、收入分配公平、社会保障到位，使经济社会发展体现全面性、均衡性与平等性。三是制度创新。开发区建设体现了集中力量办好一件事的原则，就是在优化利用资源（税收优惠、土地低价或无偿使用、进出口政策倾斜等）的基础上，帮助所在国在管理体制和机制等方面创新，实现经济资源向社会财富的转变。

经验之二，基础设施建设。中国经济建设之所以取得快速的发展成就在于基础设施建设先行，即“要致富，先修路”。中国的这一经验，对西亚（中东）地区的发展具有重要的借鉴意义。西亚（中东）地区的基础设施总体上处于不发达状态，公路、铁路、航空、内河、海运、港口以及通信设施、电力等基础设施建设缺口大，技术落后，资金也不足，而中国在基础设施领域已经形成了技术成熟、功能配套、安全高效的现代化基础设施服务体系。目前西亚（中东）地区基础设施建设面临的主要问题是资金，中国可以借鉴的经验可以归纳为三点。一是引入市场机制。基础设施是涉及国计民生的公共产品，投资大，利润低，回报周期长，必须按市场的方式招投标，政府可以在贷款、税收等方面给予政策倾斜。即便是政府投资也要按市场的方式运作。二是鼓励多元投资。按照国际通用的办法，建立公正的投资市场，政府与企业、国内与国外资本不受歧视，公平竞争。三是发展金融产品。建立开放性的金融市场，譬如土地拍卖、发放债券、股市筹资、募集风险基金、成立商业银行等，通过各种融资方式解决基础设施建设的资金来源问题。

四、防范各类投资风险

由于经济、政治、宗教、民族和域外大国干涉等因素，西亚（中东）地区是战后世界上较为动荡的地区之一，中国在“21世纪海上丝绸之路”合作框架下发展与域内国家及其组织的经贸、投资往来，需要重点考虑防范各类风险。[①]

首先是经济结构单一带来的脆弱性风险。西亚(中东)地区聚集盛产石油和天然气的国家,经济结构单一、石化工业一家独大现象普遍,经济发展和社会福利政策与国际油价的走势密切相关。例如沙特油气产业对该国 GDP 的贡献率超过 50%,对该国经常账户的贡献率在 80%左右,对该国财政收益的贡献率高达 90%。近年来石油价格悬崖式下跌使政府的财政支出捉襟见肘,直接影响了民众的社会福利。在科威特,石油和天然气的经营权由国家垄断,国家基本包揽了各类社会发展事业,私人投资的空间十分狭小,一旦发生石油危机,经济活动的回旋余地非常有限。"21 世纪海上丝绸之路"倡议本质上是一个经济合作项目,沿线国家的经济脆弱性问题必须加以考虑。

第二是各种政治经济问题所带来的社会风险。近年来西亚(中东)国家的社会动荡明显加剧,教派分歧、民族矛盾、高失业率、性别歧视、地域差异等造成的社会问题乃至国家间冲突此起彼伏。该地区人文社会状况复杂,很多地方甚至处于失序状态,中国在推进"21 世纪海上丝绸之路"倡议过程中必须防范这些社会风险。

第三是国家利益的矛盾所带来的地缘政治风险。"阿拉伯之春"几乎席卷了整个西亚(中东)地区,伊拉克、叙利亚、也门等国至今战乱不断、社会动荡不安,经济建设受到极大冲击。国家的不稳定又引发恐怖势力趁虚做大,直接威胁当事国的领土主权和国际社会的秩序,可国际反恐力量借围剿之际,各扶持一派、打击另一派,使得地区局势更加错综复杂。美欧以又怀疑伊朗的核野心,遏制伊朗发展的意图明显。即便阿拉伯国家内部也是派系林立,在伊核问题、巴萨尔去留问题、库尔德人问题、石油产量问题等都没有统一的立场。中国是域外国家,如何平衡好各方力量、应对好棘手问题也是"21 世纪海上丝绸之路"倡议不可

① 参考中国网,《"一带一路"列国投资政治风险评估》专题系列文章:http://www.china.com.cn/opinion/think/node_7221960.htm,引用于 2016 年 11 月 30 日。

回避的问题。

五、协调与域外国家的战略

西亚(中东)地区地缘政治的重要性使得域外国家和国际组织都与其有密切的经贸、政治和文化等方面的往来。中国作为正在崛起中的大国,在国际上的一举一动都会受到其他国家在战略层面上的解读。因此,中国在本地区推行“一带一路”倡议,不仅要与域内国家合作,也要考虑域外国家,尤其是域外大国的态度和反应,并争取与域外大国的策略进行协调。

第一,阐明中方的倡议本意,避免域外大国的误解和恶意揣测。“一带一路”倡议问世以来,西方,尤其是美国的负面评价不少,以“东方的马歇尔计划”“金元政治”等词汇描述“一带一路”倡议。美国国内甚至有声音认为,“一带一路”倡议是中国的一项战略工具,旨在拓展中国的国际影响力,并威胁到美国在欧亚大陆的利益和领导地位。[①]然而,“一带一路”倡议的出发点是优化全球资源配置,利用中国的发展能力,帮助有建设需求的沿线国家实现其自身发展。西方世界之所以对“一带一路”怀有偏见,很重要的一点就是曲解中国的意图,因此,中国在推进“一带一路”倡议过程中,应当真诚地讲明,中国不谋取地区霸权,更不会谋取全球霸权,中国不会独享发展的好处,中国愿意与所有国家合作,包括西方国家,共同推进“一带一路”倡议的实施,实现互利共赢。

第二,与域外大国的西亚(中东)战略进行磨合,兼顾各方利益。以印度为例,印度一向在西亚(中东)地区存在重大利益关切,包括政治、军事、能源、经贸乃至宗教,“季风计划”是其在本地区利益关切的集中体现。“季风计划”与“一带一路”倡议在地理区域、利益目标等方面有

---

① 马建英:《美国对中国“一带一路”倡议的认知与反应》,《世界经济与政治》,2015年第10期,第104—132页。

许多重叠之处,尽管彼此都有规划上的审视和偏好,但这并不意味着两者是对立关系,并非"零和游戏"。对此,中国一方面要将"一带一路"倡议的具体项目透明化,打消印度的疑惧,增进彼此的了解;另一方面,中国在建设海上运输大通道过程中,注意与印度的"季风计划"接轨,在港口、油气管道等方面进行深度合作。只有使印度认识到"季风计划"与"一带一路"倡议之间存在契合点,才能使印度相信中国互利共赢的发展理念。对于其他域外国家也应如此,在互相尊重各自发展和核心利益的前提下,协调好彼此政策。2015年5月8日,中国国家主席习近平与俄罗斯总统普京会晤,双方共同签署发表了《关于丝绸之路经济带建设与欧亚经济联盟建设对接合作的联合声明》,这是中国与域外大国进行政策对接的成功案例。

第三,以"一带一路"倡议为契机,与域外大国建立新型大国关系。"一带一路"倡议是中国全方位外交的一部分,中国与美国、俄罗斯、欧盟、印度、日本等域外大国的关系好坏对"一带一路"倡议能否顺利施行有直接影响。因此,应当加强中国的大国外交实践,坚持发展大国外交的整体思维、历史思维、统筹思维、合作共赢思维和和谐共生思维,①与世界主要国家共同构建新型大国关系。这样,才能从全球角度为"一带一路"倡议保驾护航。以印度为例,自莫迪任印度总理以来,印度最为重视的是调动有利于印度经济发展的国际因素,其"大国外交"政策一直在强调与所有大国进行合作,力求引入更多的外资、技术、管理,以促成印度经济的健康发展。这一点,与中国维护国际和平,创建良好的周边环境的外交思想相吻合。中印两国都是新兴经济体,又是20国集团和金砖国家重要成员,两国面临同样的发展任务,壮大国力,提高国民的生活福祉。中印两国的经济外交大有可为,并且已经取得了重要成

---

① 苏长和:《"四个全面"战略布局和大国外交新格局》,《毛泽东邓小平理论研究》,2015年第6期,第22—31页。

就,2015年双边贸易额达到715.97亿美元,[①]两个10亿以上的人口大国,市场潜力难以估量,未来经济合作的范围广泛,双边贸易额增长的空间巨大。中印两国应充分利用各自的“一带一路”倡议和“季风计划”,实现在西亚(中东)地区的发展对接,为创建新型大国关系树立榜样。

① 中国国家统计局:《2016年中国统计年鉴》,中国统计出版社,2016年,第359页。

第五章
对接融入:“21 世纪海上丝绸之路”与欧盟的区域合作

作为“21 世纪海上丝绸之路”的目的地,欧洲的大部分市场已为欧盟覆盖。欧盟同中国的联系由来已久,早在 1975 年,中国就与当时的欧洲经济共同体建立了外交关系。目前,欧盟是中国的第一大贸易伙伴,中国是欧盟的第二大贸易伙伴。中国提出“一带一路”倡议以来,欧盟积极响应,高层首脑频繁互访,民间交流也在进一步增强。长期以来,欧盟经济一体化已形成了自身的框架与特点,海上丝绸之路的推进需要与欧盟的现有框架对接,同时还需要关注美国等域外大国与欧盟的关系,对现有的各种合作机制形成有益的补充。从具体抓手来看,海上丝绸之路建设需要落实到具体港口、具体项目中去,那么对于沿线重要港口的甄别将具有重要的现实意义。

第一节 欧盟经济一体化的进展情况与特点

在诸多区域经济一体化组织中,欧盟是经济一体化程度最高的经济体。从 1952 年的六国煤钢共同体开始,欧洲经济一体化已经历了 60 多年的发展,至今拥有 28 个成员国。从一体化的宽度来看,欧盟先后经历了七次扩大,版图也从最初的西欧地区延伸到了中东欧地区,涵盖的国家既包括德国、法国等发达国家,也包括爱沙尼亚、克罗地亚等发展中国家。从一体化的深度来看,欧盟先后经历了统一大市场、经济共同体、货币汇率联盟、货币一体化等形式,经济一体化程度逐渐深化。

当然,欧盟的经济一体化也并不是一帆风顺的,欧债危机、难民危机和英国退欧都使欧盟面临严峻挑战。2010 年爆发的欧元区主权债务危机暴露了欧盟在财政制度与货币一体化不一致的固有缺陷;2015 年的难民危机使得欧盟统一大市场的人员自由流动之根基受到前所未有的冲击;英国脱欧成了 2016 年世界政治与经济的重大事件,对欧盟一体化的深化造成了难以估量的深远影响。

一、欧盟经济一体化进程及其特点

欧盟,全称欧洲联盟(European Union),总部设在比利时首都布鲁塞尔。欧盟的创始成员国有六个,分别是德国、法国、意大利、荷兰、比利时和卢森堡,目前拥有 28 个成员国,人口 5.05 亿,面积 438 万平方千米。

1. 欧盟经济一体化的动因在于领导层面的政治意愿

第二次世界大战后,德国战败、英国衰落,欧洲列国在国际经济政治事务中地位下降,取而代之的是美国的崛起。欧洲作为历史上强国最多的大陆并不甘心于世界政治经济中心从欧洲转向美洲,所以时任英国首相丘吉尔于 1949 年提出建立"欧洲合众国"的建议。欧洲列国试图通过"一个欧洲,一个声音"的方式继续在国际政治经济舞台上享有一定的主导权。于是欧洲一体化进程拉开帷幕,1951 年煤钢共同体的成立被视为欧洲一体化的标志性开端。然而政治一体化进程受到多方阻碍,欧洲转而致力于推进经济一体化建设。

表 5-1 欧洲经济一体化进程概览

时间	一体化中的重要事件
1949 年	英国时任首相丘吉尔提议建立"欧洲合众国"。
1951 年	德(西)、法、意、荷、比、卢六国签署《巴黎条约》,建立欧洲煤钢共同体(European Coal and Steel Community)。
1954 年	欧洲防务共同体(European Defence Community)的建立以失败告终。
1955 年	参加欧洲煤钢共同体的六国外长在意大利墨西拿举行会议,建议将煤钢共同体的原则推广到其他经济领域,并建立共同市场。

（续表）

时间	一体化中的重要事件
1957 年	《罗马条约》签订，建立欧洲经济共同体（European Economy Community）和欧洲原子能共同体（European Atomic Energy Community），旨在创造共同市场，取消成员国间的关税，促进成员国间人员、商品、资金、服务的自由流通。
1958 年	成立欧洲投资银行，总部设在卢森堡。
1959 年	英国倡导并建立欧洲自由贸易联盟（European Free Trade Association），以抗衡欧洲经济共同体。
1965 年	法国引发"空椅子危机"，后经"卢森堡协议"（Luxembourg Agreement）而解决，使得部长理事会暂停向有效多数制过渡。
1965 年	六国在布鲁塞尔签订《合并条约》（*Merger Treaty*），将原来各自独立的三个共同体加以合并，称为欧洲共同体。
1973 年	丹麦、爱尔兰和英国加入欧洲经济共同体。
1981 年	希腊加入欧洲共同体。
1986 年	葡萄牙和西班牙加入欧洲共同体。
1986 年	签订《单一欧洲法案》（*Single European Act*），建立单一欧洲市场。
1990 年	欧洲多国签署《申根协定》，消除过境关卡限制，使成员国间无国界，该协定于 1995 年正式生效。
1992 年	《欧洲联盟条约》在马斯特里赫签署，欧洲共同体更名为欧洲联盟。
1995 年	奥地利、芬兰和瑞典加入欧盟，其成员国扩大到 15 个。
1999 年	欧元问世，11 国成为欧元区创始国。
2002 年	欧元开始在欧元区内全面流通。
2004 年	欧盟东扩，马耳他、塞浦路斯、波兰、匈牙利、捷克、斯洛伐克、斯洛文尼亚、爱沙尼亚、拉脱维亚、立陶宛 10 国加入。
2007 年	保加利亚和罗马尼亚加入欧盟，其成员国达到 27 个。
2013 年	克罗地亚加入欧盟，成为其第 28 个成员国。

2. 欧盟的扩大具有前慢后快的特点

作为区域经济一体化持续时间最长的组织体，从表 5-1 可以看出，欧盟的扩大具有前慢后快的特点。欧盟扩大的进程可以划分为三个阶段：第一阶段是 1951—1972 年的创始国阶段。这一阶段的一体化维持着六个创始成员国的规模，六国以煤钢联营为试验，将其经验推广到其他经济领域并建立共同市场。建立经济共同体后，六国之间取消关税壁垒，促进成员国间劳动力、商品、资金、服务的自由流通，这在经济上大大消减了六国间的贸易成本，使得经济一体化的优势逐渐得以体现。

第二阶段是 1973—2003 年的缓慢扩大阶段。经过四次扩大，欧盟成员国扩大至 15 个，英国、爱尔兰、丹麦及希腊、西班牙、葡萄牙、奥地利、芬兰和瑞典加入欧盟，使其范围扩大到北欧和南欧。此阶段加入欧盟的国家基本上都是欧洲经济总量较大的国家，几乎也都是欧洲的强国，这些国家的加入充分证明了欧盟在经济上的吸引力。1990年《申根协定》的签订使得欧盟不仅完成了商品、资本的自由流动，而且取得了劳动力的自由流动。1999年推行的货币一体化使得欧元区成员国完成了货币统一，大大降低了货币汇兑成本和汇率风险。欧盟在这一阶段的经济吸引力大幅上升，经济发展也颇为闪耀，成员国纷纷加入的动因大多出于经济吸引力。可以说，这一阶段是欧盟经济最有活力的阶段。

第三阶段是2004年至今的快速扩大阶段。苏联解体后，诸多中东欧国家处在欧盟和俄罗斯之间，这些国家在经济上向往西欧的发达经济及较高的生活水平，想通过加入欧盟发展本国经济；另一方面，它们在安全上也想向欧盟靠拢。出于政治和经济上的原因，中东欧10国于2004年一次性加入欧盟，其中，斯洛伐克、斯洛文尼亚、爱沙尼亚和立陶宛先后加入欧元区。对于欧盟而言，吸纳中东欧成员国的做法更多是出于政治原因，事实上，此次及其后的东扩饱受经济学家诟病，因其造成了不断拉大的成员国间的经济差距，这在后期的欧盟运行中导致很多问题。此外，迅速增加的成员国数量使得欧盟的决策效率大大降低，在重大事件上决策迟缓、程序冗杂，欧盟的这些弊端显然无法在短期内消解。

3. 欧盟经济一体化的过程是双向选择的过程

作为最典型的代表，英国最早提出建立“欧洲合众国”的设想，但其并未成为创始六国之一。丘吉尔虽然支持欧洲统一，但他认为应该不必成为其中的一部分。所以英国早期只是欧洲一体化的旁观者，毕竟曾经的“日不落帝国”并不甘于仅仅遵守规则，失去自己独特的影响力。但在六国获得经济繁荣后，1961年，英国开始申请加入当时的欧共体，然而被法国否决了。当时的法国总统戴高乐否决英国的原因除了英法历史积怨外，还担心英国染指欧共体领导权，此外还有对英美特殊亲密关系不满的成分。英国在1967年的申请同样遭到戴高乐政府的否决。直到戴高乐卸任，英国才于1973年正式加入欧共体。但1975年在因石油危机造成的经济停滞下,英国举行了第一次脱欧公投,虽然结果是留欧,但疑欧主义乃至脱欧的情绪在英国一直存在。英国虽然加入了欧盟但并没有加入欧元区和《申根协定》,这可以看出英国对欧盟的保留。2016年支持脱欧的公投结果也正是这种保留的结果。

挪威曾同丹麦一同被欧盟列为观察国,并同意其入盟,但1972年挪威全民公投结果反对加入欧盟,后来1994年的第二次公投结果仍然反对入盟,挪威因国内民众的反对至今站在欧盟之外。瑞士同样也曾申请加入欧共体,但在1992年全民公投否决入盟后搁置,后来提出的申请又在2016年英国脱欧公投前夕被撤回。相较之下,土耳其一直想加入欧盟,但迟迟未得到接受。可见,是否加入欧盟是双向选择的结果。

4. 欧盟一体化并非一帆风顺,而是面临诸多困境

除了国家间的利益博弈外,全民公投成为欧盟一体化过程中带来不确定性最多的因素,使欧盟一体化进程屡屡受挫。此外,近年爆发的债务危机、难民危机都使欧盟备受考验。

表5-2　欧盟一体化过程中面临的困境

时间	重要事件
1954年	法国国民议会投票否决《欧洲防卫共同体条约》,导致欧洲防务共同体流产;西欧致力于建设经济共同体。
1965年	法国反对把决策机制从全体通过改为多数票通过,连续六个月拒绝出席欧共体会议,即形成"空椅子危机"。结果迫使其他成员国做出让步,同意授予法国事实上的否决权。
1985年	从丹麦获得地方自治权的格陵兰岛投票脱离欧洲共同体。
1992年	丹麦在全民公决中否决旨在把欧共体改为欧盟的《马斯特里赫特条约》。在欧元等问题上获得让步后,丹麦选民在次年举行的第二次公投中通过了该条约。
1996年	欧盟对暴发疯牛病的英国实施牛肉禁运,英国时任首相梅杰宣布采取"不合作政策"。直到两年后布莱尔在选举中获胜接任首相后,牛肉禁令才随之取消。
2001年	爱尔兰选民否决旨在改革欧盟机构和为欧盟扩大做准备的《尼斯条约》。在其农业和商业等利益得到保证后,选民在次年举行的第二次全民公决中批准了该条约。
2005年	法国、荷兰在全民公决中否决《欧洲宪法条约》。
2008年	爱尔兰全民公投再次否决欧洲新宪法条约《里斯本条约》,但在次年的公投中通过了该条约。
2010年	发端于希腊,并迅速蔓延至爱尔兰、西班牙、葡萄牙和意大利的欧元区主权债务危机爆发,持续四年之久。
2015年	由于战乱和恐怖主义等问题,来自叙利亚、利比亚等中东、北非地区的大批难民涌入欧洲,超过欧洲各国的收容能力,造成"难民危机"。
2016年	英国在全民公投中决定脱离欧盟。

从表 5-2 可以看到，欧盟在一体化过程中曾面临诸多困境，大多数困境都通过谈判妥协的方式得以解决，如“空椅子危机”，或《欧洲宪法条约》的全民公投。但有的困境使欧盟在某个方向上的一体化无法深入，如法国否决《欧洲防务共同体条约》，导致欧盟无法在防务甚至政治一体化的方向上前行，转而致力于经济一体化。欧元区主权债务危机虽然对货币一体化提出了严峻挑战，但财政一体化的进程得以推进。

欧盟目前面临的两大挑战是难民危机和英国脱欧。2015 年欧洲遭遇自第二次世界大战以来最大规模的难民涌入潮，据欧洲国际边界管理署公布的数字显示，2014 年有 28.3 万移民非法进入欧盟，2015 年这一数字为 155 万。①难民危机不仅使欧盟各国感受到恐怖主义威胁，更重要的是对《申根协定》造成了严峻挑战。根据《申根协定》，在紧急情况下申根国家可以关闭边境，采取有时限的临时安检措施，目前申根区 26 国已有德国、奥地利、法国、瑞典、挪威、丹麦六个国家先后恢复临时边检，且有意愿延长边检实施时限。为了阻止难民涌入而纷纷设立的有形或无形的关卡，使得欧盟曾经最引以为豪的自然人无国界流动受到严重影响。

脱离欧盟的公投结果使英国和欧盟都在 2016 年处于舆论的风口浪尖。虽然从程序上看脱离欧盟的具体规定将在两年内完成，但英国新政府和欧盟方面的态度都非常坚决。2017 年 3 月 29 日，英国首相通过驻欧盟大使向欧盟委员会主席递交脱欧信函，正式启动脱欧程序。如果谈判顺利，英国将成为第一个脱离欧盟的成员国。不过，英国的脱欧情绪由来已久，与欧盟的关系也一直是若即若离，反而一直与美国保持亲密的关系，所以英国的离开对欧盟而言也不全是负面影响。

二、与欧盟相关的区域合作机制

在欧洲范围内，欧盟本身就是最大的一个区域合作机制，是涵盖欧

---

① 任彦:《难民问题把欧盟逼到“墙角”》,《人民日报》,2016 年 1 月 29 日,第 21 版。

元区、申根国家等不同范围的多元统一体。与之相联系的区域合作机制还有地中海联盟、波罗的海国家理事会及中东欧 16 国三个机制。这些区域合作机制有重复的部分,但具有各自的运行规律。

1. 地中海联盟

由于地中海南岸和东岸地区历来是环地中海经济区不可分割的一部分,欧盟一直重视与该区域国家的合作。早在 1995 年,欧盟和地中海沿岸国家就启动"巴塞罗那进程",开始签订《欧洲地中海联系协议》;欧盟东扩后推动实施"欧洲对邻国政策";2005 年 11 月,欧盟与南地中海国家以"重启巴塞罗那进程"为主题,召开了欧盟地中海国家首脑峰会,决心加快《欧洲地中海联系协议》的实施,力争在 2010 年建成欧盟地中海自由贸易区。2007 年初,法国总统萨科齐在竞选时正式提出建立地中海联盟的设想,将其作为法国和欧盟的外交政策,意欲建立一个涵盖南欧、北非和部分中东国家的地中海地区合作组织。

2008 年 7 月 13 日,地中海沿岸 16 国,包括阿尔及利亚、阿尔巴尼亚、波斯尼亚和黑塞哥维那、克罗地亚①、埃及、以色列、约旦、黎巴嫩、毛里塔尼亚、摩纳哥、黑山、摩洛哥、巴勒斯坦、叙利亚、突尼斯、土耳其,与欧盟 27 个成员国和首脑共同在法国首都巴黎举行了首届地中海峰会,这标志着地中海联盟正式形成。峰会通过联合声明制订共同战略,启动了旨在深化欧盟和地中海沿岸国家之间合作的"地中海联盟"计划。

根据峰会决议,"地中海联盟"是一个以"为了共同建立一个和平、民主、繁荣以及在人员、社会和文化方面相互理解的未来而联合起来"为共同战略目标,旨在通过在沿地中海北岸和南岸的国家设立实际项目,处理环境、气候、交通、入境和治安等问题的新的国际组织。具体实施的"地中海联盟"计划确定了六个重点合作项目,即"六项地区性具体计划":①减少地中海污染,欧盟委员会曾提出具体计划,力求至 2020 年

---

① 克罗地亚于 2013 年成为欧盟第 28 个成员国。

减少地中海污染源80%，计划将至少耗资20亿欧元；②修建沿海和陆地高速公路，改善地中海两岸的贸易流通；③加强民事保护，因为地中海盆地面临与气候变暖有关的越来越大的自然灾害的危险；④制订一项地中海太阳能计划；⑤推动在斯洛文尼亚开办的欧洲地中海大学的发展；⑥帮助中小企业发展。与会领导人还决定每两年举行一次首脑会议，会议轮流在欧盟国家和其他伙伴国举行。地中海联盟采取两主席制，南方国家和北方国家各出一位主席。南方国家通过协商选择一个国家出任共同主席国之一，任期两年，不能连任。埃及和法国出任地中海联盟首任共同主席国。此外，“地中海联盟”设立一个总秘书处，秘书处负责筹集基金和落实首脑会议既定计划。地中海联盟计划资金来源包括：私营部门、欧盟预算、各成员国或其他第三国的赞助、欧洲投资银行投资等。①

不过最终成立的地中海联盟，其框架远不及萨科齐最初的设想，原因不仅在于欧盟内部的反对，还有来自部分中东、北非国家的抵制。第一，德国认为地中海联盟可能会分裂和威胁到欧盟的核心，并且反对使用欧盟资金仅为一小部分欧盟成员国（主要是法国，其次是几个南欧国家）的项目服务。当然，德国对于法国不经欧盟商议就单方面组织地中海国家首脑会面存在不满。第二，意大利、西班牙等南欧国家也心存芥蒂。因为在巴塞罗那进程中，主导国家为法国和几个南欧国家，而到萨科齐提出的地中海联盟时，只有法国一国主导，这让南欧国家存在不满。第三，中东、北非国家内部的矛盾和争斗纷繁复杂，在体制、宗教和价值观方面与欧盟都大相径庭。第四，还有来自美国的阻力。2011年，突尼斯、埃及等国的颜色革命与美国关系密切。美国旨在进一步控制地中海、红海等战略要地，既可以获得巨大经济利益，又可有效控制周边国家和海上能源线，遏止欧盟南下获得发展空间，遏制俄罗斯及中国

① 李琳、罗海东：《“地中海联盟”的成立及面临的挑战》，《国际资料信息》，2008年第8期，第1—5页。

发展。①

种种阻力下的地中海联盟注定无法取得实质性进展。在联盟计划的执行过程中,包括地中海投资银行在内的多项计划相继中止。再加上2011年爆发、至今仍陷乱局的利比亚战争和叙利亚内战,使得中东、北非地区与地中海联盟提出的"经济发展和安全"的目标相去甚远。欧盟当初推进地中海联盟的重要目标之一——打击非法移民,至今看来也化为泡影,反而是利比亚战争和叙利亚战争导致欧盟自2015年起经历了史上最大规模的难民潮,这使欧盟自身的运作遭受严峻挑战。欧盟打击恐怖主义的目标同样落空,极端恐怖主义组织在利比亚和叙利亚发展开来,甚至渗透欧盟国家制造恐怖活动。至于能源目标,不仅战乱使得中东北非的能源供给受到影响,而且美国对于该地的能源亦虎视眈眈。随着萨科齐的下台,以及利比亚和叙利亚战争的爆发,地中海联盟已经处于停滞状态,鲜有研究和报道对其进行关注。

2. 波罗的海国家理事会

1992年3月,在德国和丹麦的倡议下,波罗的海沿岸11个国家(丹麦、俄罗斯、爱沙尼亚、拉脱维亚、立陶宛、挪威、波兰、芬兰、德国、冰岛、瑞典)的外长在丹麦首都哥本哈根举行会议,同欧盟委员会成立了波罗的海国家理事会(Council of the Baltic Sea States, CBSS)。该组织是一个地区性政府间合作组织,其目的是进一步加强波罗的海沿岸地区的合作,理事会每年举行一次外长会议,主席国外长负责协调理事会在外长会议期间的活动,并由高级官员委员会协助其工作。理事会设有工作组,定期举行成员国首脑会议。

资料显示,最近的一次波罗的海国家峰会召开于2012年,即在德国召开的第九届波罗的海国家政府首脑会议,会议主要就能源安全和人口变化进行了讨论,会议还决定设立一个"项目支持工具",为波罗的海东

---

① 杨宁:《地中海联盟与美欧争雄》,《人民日报(海外版)》,2011年7月16日,第6版。

南部沿岸地区提供发展资金。2013 年俄罗斯担任轮值主席国，并于 4 月召开了波罗的海论坛，波罗的海国家理事会部分政府首脑和专家、企业代表等在会议上讨论了波罗的海地区的环保及能源等问题。

然而，2013 年底爆发的乌克兰危机使俄罗斯和欧盟的关系日渐紧张，乌克兰政府意外宣布暂停同欧盟的联合协议，转而同俄罗斯加强经贸联系，导致反政府示威不断升级，之后发生克里米亚事件，欧盟对俄罗斯实施经济制裁，而后者继而实行反制裁。

欧盟对俄罗斯先后实施了三批制裁：首批是对欧盟认为对破坏乌克兰领土完整负有责任的俄罗斯及乌克兰公民实施的个人制裁。制裁对象涉及来自俄罗斯、克里米亚和乌克兰东部地区等地的 149 名个人和 37 家机构。第二批是针对俄罗斯的行业限制措施，即所谓的经济制裁，自 2014 年 7 月开始并经多次延长。欧盟理事会于 2016 年 12 月决定将针对俄罗斯部分经济部门的经济制裁延长到 2017 年 7 月 31 日。第三批则是对克里米亚的制裁，该制裁会执行至 2017 年 6 月 23 日。作为回应，俄罗斯限制进口对俄制裁国家的食品，且为回应对方制裁的延期，于 2016 年 6 月将食品禁令再次延期至 2017 年底。

由于俄罗斯同欧盟关系紧张，波罗的海国家理事会的各项活动几乎停滞，不过多个波罗的海成员国在欧盟范围内积极呼吁停止制裁，这对俄罗斯与欧盟关系的缓和起到一定的作用。

3. 中东欧 16 国

中东欧 16 国更多地出于地缘政治概念，中东欧国家并没有固定的组织形式。中东欧国家长期处于西方同俄罗斯之间，在地缘政治上具有重要地位。欧盟于 2004 年实行东扩以来，11 个中东欧国家已先后加入欧盟。对于乌克兰的争夺导致欧盟与俄罗斯矛盾骤升，并陷入自 2014 年以来的对峙中，中东欧国家经济因之受到很大打击，转而同其他国家建立经济联系。

近年来行动较为一致的是中东欧 16 国，他们与中国展开的“16＋1”

机制引起了国际社会的关注。中东欧16国包括阿尔巴尼亚、波黑、保加利亚、克罗地亚、捷克、爱沙尼亚、匈牙利、拉脱维亚、立陶宛、马其顿、黑山、波兰、罗马尼亚、塞尔维亚、斯洛伐克、斯洛文尼亚。截至2017年6月,中东欧16国同中国领导人的会晤共进行了五次:第一次是在2012年4月的波兰华沙,会晤规划与拓展了双方互利合作的前景与未来,并形成了《中国与中东欧国家领导人会晤新闻公报》,中方宣布了《中国关于促进与中东欧国家友好合作的十二项举措》。第二次会晤于2013年11月在罗马尼亚布加勒斯特举行,双方与会后共同发表《布加勒斯特纲要》,纲要规定每年举行领导人会晤,梳理合作成果,规划合作方向。第三次会晤于2014年12月在塞尔维亚的贝尔格莱德召开,会议形成《贝尔格莱德纲要》。第四次于2015年11月在中国苏州召开,会议制定了《中国—中东欧国家合作中期规划》。规划明确表示,"16+1合作"将努力推动重要的国别和区域项目,不替代现有双边合作机制或平台,将与欧盟重大倡议和规划对接,有效促进中欧和平、增长、改革、文明四大伙伴关系。最近一次会议即第五次会晤于2016年11月在拉脱维亚首都里加举行,会议以"互联、创新、相融、共济"为主题,形成《里加纲要》和关于开展三海港区基础设施、装备合作的联合声明。

中东欧16国处于"一带一路"沿线区域。在地缘上,中国与中东欧国家虽不接壤,但西欧与中国陆上交通的连接须通过中东欧;在意识形态上,中东欧国家曾是社会主义国家,同中国有一定的认同感。中东欧国家对中国提出的"一带一路"倡议表示欢迎,《中国—中东欧国家合作中期规划》明确表示,"16+1合作"将充分把握"一带一路"建设带来的重要契机,不断拓展合作空间,同时为"一带一路"建设做出更多贡献。

在具体合作上,中东欧国家已经同中国开展多个"一带一路"框架重要项目。2013年,中东欧地区首个跨境互联互通项目——全长350千米的匈塞铁路宣布开始建设,该铁路将连接布达佩斯和贝尔格莱德,承建者为中国铁路总公司牵头组成的中国企业联合体;2014年,塞尔维亚贝尔格莱德跨多瑙河大桥项目作为首个利用中方贷款实施的项目已经竣工通车；科斯托拉茨电站一期项目大修已基本完工，二期新建电站项目已于2016年初开工；塞尔维亚E763高速公路项目、马其顿两段高速公路项目和黑山南北高速公路项目进展顺利；首个使用中国—中东欧合作机制100亿美元专项贷款额度的波黑斯坦纳里火电站项目也已开工建设。在核电领域，中国同罗马尼亚达成的合建切尔纳沃德核电站3、4号机组框架协议，协议金额逾70亿欧元，是迄今中国和中东欧国家间最大的合作项目。中国水利水电建设集团承建的弗罗茨瓦夫城市防洪项目已经竣工，这也是中国在波兰第一个成功完成施工建设的基础设施项目。

三、“容克计划”与“一带一路”倡议

中国的“一带一路”倡议与欧盟的“容克计划”先后提出，二者都关注欧盟范围内的基础设施建设、新能源、创新等领域，在诸多方面存在利益契合点。如何使二者更好地对接，不仅关系到“一带一路”倡议的顺利实施，而且对欧盟经济的促进而言具有重要意义。

1.“容克计划”及其进展

为了提振受金融危机、债务危机影响而陷入低迷的欧盟经济，2014年11月，欧盟委员会宣布2015—2017年为期三年总规模达3 150亿欧元的投资计划，该计划由同年新当选的欧盟委员会主席容克提出，所以被称为“容克投资计划”或“容克计划”。该计划是欧盟委员会有史以来最大的投资带动计划，主要投资宽带网建设、能源、交通基础设施、教育项目和研发，预计新增就业岗位130万个。欧委会和欧洲投资银行将出资设立210亿欧元的欧洲战略投资基金（EFSI），估计该基金将带来欧洲投资银行630亿欧元的贷款并同时吸引2 520亿欧元的私人投资。[①]

---

① 资料来源：驻欧盟使团经商参处。

该投资计划本质上是利用欧洲投资银行和欧盟现有资金，同时从富有成员国获得额外资金，来共同作为主要投资项目的种子资金。私营企业和金融市场将对融资和吸引投资者起到关键作用。事实上，3 000 亿欧元并非实际投资到欧盟商业市场上的资金，而是欧委会期望利用金融市场促使其初始投资能达到的效果。

"容克计划"于 2015 年 6 月正式得到欧盟各机构和成员国批准，欧洲战略投资基金随后启动。根据计划，基金的 210 亿欧元资金中，160 亿欧元由欧盟委员会从欧盟预算中划拨，用于长期项目，剩余的 50 亿欧元由欧洲投资银行出资，用于中小企业融资，基金则由双方共同管理。事实上，根据欧委会公布的数据，截至 2016 年底，"容克计划"为中小企业和基础设施项目提供了 1 540 亿欧元的资金，欧洲战略投资基金已批准了价值 275 亿欧元的项目，其中约 60%的投资来源于私营部门。①鉴于欧洲战略投资基金过去一年成功的运营经验，欧委会提议延长投资计划至 2020 年，以更充分发挥其振兴欧盟境内投资、促进经济增长和增加就业的作用。

2. "容克计划"与"一带一路"倡议的对接

总体而言，"容克计划"具有巨大的资金需求，而大批中国企业具有对欧投资的意愿及能力，中国在高铁、电力、通信等方面的技术供给同欧盟的基础设施需求匹配。而欧盟近年来在亚洲基础设施投资银行的设立及人民币国际化的推动上非常积极，双方拥有坚实的战略对接基础。

具体而言，双方目前的战略对接主要在两个方面展开，基础设施建设和金融合作。基础设施包括道路交通、电力能源以及通信网络等方面。"容克计划"实行后，欧盟战略投资基金的 30%计划用于道路交通领域，如欧盟早在 2013 年 5 月就提出了"泛欧交通运输网"的概念，计划

---

① 数据来源：商务部驻欧盟经商参赞处。

把欧洲现有的相互分割的公路、铁路、机场与运河等交通线路连接起来，到2030年建成欧洲统一的交通运输体系。①这不仅意味着要上大批的道路交通建设项目，而且涉及大量对基础设施产品如钢铁、水泥等的需求，中国企业可以在具体项目的承建上或者产能供给上参与其中。此外，欧盟战略投资基金的30%计划用于电力能源基础设施方面。2015年2月欧盟公布能源联盟战略框架，其中一项重要内容是计划在2020年之前实现10%的电网互联，以降低欧盟对石油、天然气能源的依赖。中国的输配电设备企业可在这方面提供设备，甚至可以尝试将中国生产的电力传输到欧洲。在通信网络方面，2015年3月，欧盟正式公布了5G公私合作愿景，计划在2020—2025年实现5G网络运营。这一计划不仅意味着通信营运商可能面临机遇，同时还意味着网络设备商可能参与其中，如光纤、网络端口设备或者无线网络设备的生产企业。

在金融方面，双方拥有良好的合作基础，从签订货币互换协议、建立人民币清算机构、扩大人民币合格境外投资者额度，再到发行离岸人民币债券、欧洲国家纷纷加入亚投行等，欧洲对中国的支持不言而喻。而中国在欧元区主权债务危机期间对欧洲给予支持显示了中欧金融合作的必要性。2016年1月，中国正式加入总部位于英国的欧洲复兴开发银行，有力地推动“一带一路”倡议与欧洲投资计划对接，促进官方与私营部门合作，为中国与该行在中东欧、地中海东部和南部及中亚、北非等地区开展项目投资、深化产业与技术领域合作交流提供广阔空间。其实，中国本来于2015年6月计划通过直接注资欧盟战略投资基金，以达到对接“容克计划”的目的，但该基金要求出资方放弃对资金的支配权及对项目的选择权，后来中国转而投向欧洲复兴开发银行。总之，中国加入欧洲复兴开发银行是中国政府对欧洲金融投资的开端，必然会带动中国的银行等金融机构投资欧洲，进而展开更广泛的金融合作。

---

① 李罡：《中国“一带一路”如何对接欧洲“容克计划”》，《中国经济周刊》2016年第3期，第77—78页。

3. 规划对接存在的风险

除了欧盟自身经济增长乏力、深陷难民危机和乌克兰危机等问题之外,中国"一带一路"倡议同欧洲"容克计划"的对接还存在诸多风险,值得持续关注。

首先,"容克计划"的实行效果备受质疑。自计划提出以来,多位学者就指出,"容克计划"可能只会成为面子工程。"容克计划"的核心在于以210亿欧元的种子资金撬动3 150亿欧元的公共部门和私人部门的投资,高达15倍的杠杆率本身对计划的可行性就是最大的挑战。而自2015年计划实施以来,欧洲战略投资基金在各种项目上的进度较慢,难以在既定的三年内实现目标,即使计划顺利延长一年也较为困难。此外,"容克计划"的目的是启动欧洲经济,然而欧盟范围内国家的发展水平极不均衡,"容克计划"的结果很有可能是以西欧为优先。

其次,欧盟的态度值得关注。虽然欧盟对中国的"一带一路"倡议表示拥护,而且欢迎双方构想的对接,但欧盟并不希望中国大幅度对欧洲施加影响力。中国在2015年表示投资欧洲战略投资基金的意向,但欧洲要求中国必须以美元或者欧元支付,不接受人民币投资,如此一来,汇率风险因素有可能减少中国产品和项目进入欧洲的机会。不接受人民币投资说明欧洲对人民币国际化的信心还不足,或者欧洲不希望作为欧元竞争者的人民币大幅进入欧洲的投资领域。此外,在具体项目上,欧洲对中国的优势技术如高铁和核电有所保留,电网和通信要想真正进入估计也存在难度。

最后,英国脱欧带来的影响。英国脱欧后,欧洲投资银行表示,已经签署和批准的英国项目将继续进行,但横跨海岸的更多项目将迅速中止。英国拥有欧洲投资银行16%的资本,还是欧洲战略投资基金的最大出资方之一,欧洲复兴开发银行的总部设在伦敦,这些金融机构的运作都会因英国脱欧而受到影响,而中国参与其中的项目也会受到影响,"容克计划"的实施也会受到影响。

第二节 欧盟与域外大国的关系

作为世界政治经济中的重要一极，欧盟占有七国集团(G7)的一半力量，德国、法国、意大利和英国都是G7成员国。欧盟同美国、日本、俄罗斯等大国之间的关系，对“21世纪海上丝绸之路”甚至“一带一路”总体倡议的实施都具有重要的参考价值。

一、欧盟与美国的关系

不论在军事安全，还是经济领域，欧盟与美国都是重要的盟友关系，虽然这种关系在苏联解体后有所松缓，但其本质没有改变过。与此相伴的是二者之间的竞争关系，从经济领域到国际政治领域，两个强者间的竞争一直存在。

1. 从依赖型同盟到合作型同盟

美欧的合作是出于安全需要，在第二次世界大战中崛起的苏联使战后的西欧诸国感受到安全威胁，为了应对强大的苏联，西欧同美国建立联盟，于1949年公开建立北大西洋公约组织(NATO)。在经济上，美国通过1947年实行的“马歇尔计划”在向西欧提供援助的同时帮助西欧重建，在计划实施的四个财政年度期间，西欧各国通过加入经济合作与发展组织(OECD)接受了包括金融、技术、设备等各种形式，共计约130亿美元的援助。美国同欧盟这种紧密的联盟关系一直持续到苏联解体。

1991年，苏联的解体使得美国、西欧同苏联之间的平衡被打破，原本紧张的局势不复存在，西欧同美国之间的安全同盟便逐渐松缓。西欧各国开始专注经济发展，并重视同美国之间的经贸关系。美国和欧盟共同主导世界经济领域的规则制定，包括世界贸易组织(WTO)、世界银行和国际货币基金组织，虽然没有明文规定，但后两者多年以来领导人均出自美国和欧洲，如现任世界银行行长是美国人，而国际货币基金组织主席则是欧洲人。还有,这些组织的总部不是在美国,就是在西欧。可见,苏联解体后,欧盟同美国之间的关系从较不对等的美强欧弱的依赖型同盟关系,转变为较为对等的合作型同盟关系。

2. 从国际地位、优势产业到国际货币的竞争

第二次世界大战后的西欧列强并不甘于退出国际政治舞台,于是通过煤钢共同体的成立开始推动漫长的欧洲一体化进程。"一个欧洲,一个声音",这是欧洲一体化的口号,这里的声音当然就是欧洲在国际政治舞台上的发言权。事实上,欧洲也确实做到了,从最初不起眼的煤钢共同体发展到 1992 年的欧盟,经过 2004 年的东扩,至如今的欧盟,各方面的实力已不可同日而语。

随着欧盟经济的迅速发展,在优势产业上与美国形成竞争态势。最为大众熟知的就是飞机制造产业中的波音和空客,其次欧盟还对美国高科技公司展开调查,如苹果、谷歌、Facebook 以及亚马逊。美国的创新主要集中在经济产品上,而欧盟的创新主要在规则制订上。欧盟在碳排放管理以及碳交易等方面建立的规则,使得美国也望尘莫及。在全球气候合作框架中,欧盟显然占主导地位。此外,从环境、福利、安全等方面来看,欧洲的吸引力远胜于美国,这从大量的战乱移民涌入欧洲而非美国就可见一斑。

美元在战后确立的一枝独秀的国际储备货币地位,也受到欧元的挑战。欧元自 1999 年问世以来,地位已经渐渐稳固,虽然无法改变美元独大的局面,但欧元的问世本身就意义非凡。2010 年欧元区主权债务危机的爆发对欧元造成沉重的打击,有分析人士认为债务危机的背后策划者就是美国,不论是美国高盛公司在希腊债务危机中扮演的角色,还是美国三大评级机构在希腊债务危机爆发后的推波助澜,都与美国因素脱不了干系,况且,欧元下行得益的的确是储备地位得以稳固进而无法撼动的美元。

3. 近期在某些领域出现分歧

欧盟当前所处的困境皆与美国有关,难民危机因美国而起,乌克兰危机是美俄对抗，但受影响的是欧盟。欧盟在一些重大问题上也不再保持一贯同美国一致的立场，甚至出现分歧。

2009 年起，美国开始推行“重返亚洲”的外交战略，加紧了同日本、韩国乃至菲律宾等亚洲国家的合作，在一定程度上使欧洲边缘化。而中国也正是在 2009 年开始推进人民币国际化，并同欧洲加强金融领域的合作，债务危机爆发后，中国也给予了欧洲重要的支持。双方的经济合作日渐紧密，以至于 2015 年 3 月，以英国为首的多个欧盟国家不顾美国的反对，加入中国主导的亚洲基础设施投资银行。可见，美欧在对待中国的态度上出现分歧。

在对待俄罗斯的态度上，美欧态度分歧渐显，这从乌克兰危机可见一斑。克里米亚危机于 2014 年爆发后，欧盟同美国一致对俄罗斯采取经济制裁，俄罗斯作为回应进行了反制裁，但制裁的结果是欧盟与俄罗斯的经济在本就低迷的复苏中雪上加霜，而美国经济不但没有受到影响，反而复苏强劲。欧盟对俄罗斯能源的依赖、临近的地理位置以及欧盟中东欧成员国与俄罗斯紧密的经贸关系，都决定了欧盟与俄罗斯关系的重要性。所以，当美国在 2014 年号召要军事援助乌克兰并援助致命性武器时，德法两国公开反对，并努力与俄罗斯在乌克兰停火协议上达成一致，最终通过三方联络小组的谈判，成功签订停火协议。

英国的安理会常任理事国身份是美国拉拢英国的重要原因。身为欧盟成员国的英国始终与美国保持着亲密的关系，在加入欧盟后又在申根国家同欧元区的加入上有所保留。同时，作为后来者的英国在欧盟内失去了先导的规则制定权，在融入欧盟的过程中又格格不入。可见英国脱欧存在一定的必然性，而造成这种必然的重要因素就是美国。虽然美国官方称希望英国留在欧盟，但也不过是一种外交辞令罢了。英国脱欧可能成为美国与欧盟关系的重要转折。

此外，难民危机使欧盟遭遇前所未有的困境，美国并未对其施以援手。这些难民大多数来自叙利亚，来自伊拉克、也门、利比亚、埃及等西亚北非国家的难民也不在少数。捷克总统泽曼直言,现今欧洲出现的难民潮,根源是美国军事干预伊拉克的疯狂想法,而美国意欲替利比亚及叙利亚"恢复秩序",却反而导致这两个国家的冲突升级、恐怖组织崛起,民众被迫逃离。①

2016年9月,美国监管机构对德意志银行开出天价罚单,一度使本已深陷泥潭的欧盟银行业雪上加霜。之后,特朗普赢得美国总统大选为美欧关系带来了最大的不确定性。2017年初,特朗普上任后,就宣布退出TPP谈判,并一度搁置了TTIP谈判。2017年6月,特朗普又宣布退出《巴黎气候协定》,引起欧盟强烈不满。美国与欧盟的合作似乎没有以前那么顺利,相互间的矛盾和分歧愈发显现。

二、欧盟与日本的关系

自欧盟成立以来,日本积极与欧盟展开各个领域的对话与合作。1991年日欧签署《日欧共同宣言》,框定了双边关系的指导原则和共同目标;1994年,日欧建立"规则改革对话"机制,此后每年轮流在东京和布鲁塞尔召开领导人会议(简称"日欧峰会");2000年,日欧峰会提出"日欧合作10年",同意在2001—2010年的10年间在加强经济关系的基础上努力加强政治、社会、文化等各方面关系。2013年4月,日欧宣布启动"经济伙伴关系协定"(EPA),随后开启首轮谈判;2016年9月,日欧进行第17次EPA谈判。

其实,就经济利益而言,日本同欧盟在多个行业间存在激烈竞争。德国与日本都是制造业大国,在大型机械、重工业产品上是竞争对手,这种竞争同与中国的竞争不同,后者在技术、质量和声誉上都只是个追赶者的角色。日本与欧盟的竞争还广泛存在于铁路、核电技术,甚至武器生产等领域。汽车行业的竞争由来已久,各国的消费者都会面临欧美

① 凌胜利:《难民危机爆发,美国难辞其咎》,《学习时报》,2015年9月14日,第2版。

系车或者日韩系车的选择。从双方经济竞争性关系看，二者之间进行全面的经济合作难度较大。2013年开始推进、原定于2015年底结束的日欧“经济伙伴关系协定”谈判，至今仍未达成一致。双方的争论焦点始终围绕着农产品和汽车。在2016年9月的谈判中，日方要求欧盟撤销汽车关税，而欧盟方面则要求日本开放乳制品及小麦制品等农产品市场，欧盟要求的地方政府采购及铁路市场开放领域也可能陷入持续的谈判泥潭。此外，欧盟方面认为日本为签署“跨太平洋伙伴关系协定”(TPP)而优先国内程序，导致EPA谈判停滞，因此十分不满。

日本对欧盟的积极态度不光是经济利益使然，其中的政治原因可能更为重要。一方面，日本与欧盟都是美国的盟友，二者之间开展经济往来符合西方利益，将财富的转移与流动控制在西方希望的范围之内。另一方面，近年来中国同欧盟多有接触，经贸往来发展迅速，欧盟领导人在对待中国问题上，态度愈来愈缓和。日本为了同中国竞争甚至牵制中国，2013年起积极推进同欧盟谈判经济伙伴关系。

然而，在与欧盟的经济往来中，日本将英国作为开拓欧洲市场的关键，在英国拥有1 000家企业，2014年底对英投资总额高达380亿英镑，所以英国脱欧对日本经济打击很大。况且，脱欧公投后英镑与欧元大幅贬值，结果导致日元成为全球避险货币，币值大幅上升，使得日本政府实行的量化宽松货币政策功亏一篑，日元升值使得日本的出口和旅游遭受严重打击。在英国脱欧问题上，日本与欧盟的利益倒有些息息相关。

三、欧盟与俄罗斯的关系

双方在地缘上比较靠近，经济依存性较高，欧盟长期依赖俄罗斯的油气资源，俄罗斯则对欧盟尤其是其中东欧成员国的食品和工业制品存在大量需求。双方并不存在产业竞争，但在地缘政治上，双方在苏联解体后对中东欧国家的争夺日趋激烈。

1. 经济合作是双方的长期共识

为了解决苏联解体后遗留的一系列问题,欧盟对俄罗斯大体上采取了合作的立场,主张加强同俄罗斯的政治经济联系,推动俄国内的民主化与社会转型。[①]1994 年,欧俄双方签署了“伙伴关系与合作协定”,该协定于 1997 年生效,按照协议,欧俄领导人的首脑会议每半年举行一次; 1999 年,欧盟制定“欧盟与俄罗斯关系共同战略”,俄罗斯提出“俄罗斯联邦与欧洲关系中期发展战略(2000—2010)”,这两个文件确立了欧俄关系的发展框架;2003 年,双方提出了“四个统一空间”计划,分别是统一经济空间,统一自由、安全和司法空间,统一外部安全空间和统一科教文化空间。乌克兰危机爆发前,欧盟是俄罗斯最大的贸易伙伴和最主要的外资来源地;俄罗斯是欧盟第三大贸易伙伴和第一大能源供应国。可见,双方都很重视与对方的合作。

其实在政治上,俄罗斯同欧盟也在逐步加深合作。近年来,在美国宣布重返亚太的外交战略后,欧盟在一定程度上被边缘化,俄罗斯则加紧同德国与法国领导人的沟通,在许多外交事务中同德国和法国形成共识,以达到牵制美国的目的。

2. 乌克兰危机使欧俄关系骤然冷却

欧盟与俄罗斯对中东欧国家的争夺长期存在,乌克兰是双方争夺最为激烈的一个国家。在经过多年协商后,欧盟同意乌克兰加入以欧盟为主体、包含挪威等非欧盟国家在内的自由贸易区,原定计划于 2013 年 11 月 29 日草签协议(“联系国协定”)。然而欧盟在此协议上附加的政治条件,遭到乌克兰政府反对,同时,俄罗斯提出若乌克兰签订联系国协定,则限制从乌克兰进口商品。实际上,乌克兰与俄罗斯的经济关系更密切,与俄罗斯的贸易总额超过与欧盟的贸易总额。于是,2013 年 11 月 21 日,时任乌克兰总统亚努科维奇宣布中止和欧盟签署政治和自

① 罗志刚:《俄罗斯—欧盟关系研究》,中国社会科学出版社,2009 年,第 23—35 页。

由贸易协议，转而强化与俄罗斯的关系。这一决定引起乌克兰亲欧派的反对，并迅速演变成全国性的游行示威。

真正让欧俄关系跌入冰点的是克里米亚事件。2014年3月，乌克兰东部地区克里米亚全民公投要求加入俄罗斯，随后俄罗斯动用军队对该地区实行军事干预，进而使克里米亚加入俄罗斯。2014年4月，美国政府宣布对七名俄罗斯官员及17家公司实施制裁，同年7月欧盟和美国指责俄罗斯破坏乌克兰东部稳定，宣布对俄罗斯采取经济制裁。8月，俄罗斯决定对美国和欧盟实施反制裁，禁止大部分从欧盟和美国进口的食品，即“食品禁令”。

3. 近期欧俄关系呈缓和趋势

在三年多的制裁与反制裁中，欧俄双方本就低迷的经济倍受压力，损失严重，这使得双方都有动力去改善双边关系。包括希腊、波兰、匈牙利、立陶宛等国在内的多个成员国因农产品出口受到严重打击，积极呼吁欧盟尽快解除对俄制裁。德国经济部长也曾呼吁欧盟要全面评估对俄制裁的效果，有条件地解除对俄制裁。虽然欧盟在2016年12月的决议中将对俄制裁延长至2017年7月底，但不得不承认，欧盟成员国中反对延长对俄罗斯制裁的国家越来越多。

此外，欧盟领导人的态度也有所变化。欧盟委员会主席认为，为了改变相互制裁导致两败俱伤的不利局面，欧盟应该“现实”一些，与俄罗斯进行“有选择的接触”。2016年6月，容克接受邀请并克服种种阻力出席了在俄罗斯举行的第二十届圣彼得堡国际经济论坛，且与普京会谈。这是自2014年欧盟对俄展开制裁后，欧盟方面领导人的首次访俄。此前的3月，欧盟外交和安全政策高级代表本打算访问莫斯科，但在外长们的压力下并未成行。

这些确实可以理解为欧俄关系缓和的迹象，但乌克兰危机的停火并不代表乌克兰危机的解决，克里米亚仍在俄罗斯控制下，乌克兰国内的反对派仍未得到妥善解决。

第三节 欧盟在海上丝绸之路沿线的重要港口

基础设施建设是"一带一路"倡议初期的抓手与重点,其中海上丝绸之路建设的重点在于沿线的重要港口。2015年3月,发改委、外交部和商务部联合发布了《推动共建丝绸之路经济带与21世纪海上丝绸之路的愿景与行动》(简称为《愿景与行动》),其框架思路提到,"21世纪海上丝绸之路"重点方向是从中国沿海港口过南海到印度洋,并延伸至欧洲。海上丝绸之路在欧洲经过诸多国家,其建设需以重点港口为关键节点。

一、希腊比雷埃夫斯港(Piraeus)

近年来,希腊同中国经贸关系密切,从债务危机期间中国对希腊的支持,到港口私有化过程中中方企业的成功进入,双方在贸易投资领域的合作进展顺利。海上丝绸之路穿过苏伊士运河进入地中海后的第一个国家就是希腊,其重要性毋庸置疑。

希腊是世界航运第一大国,拥有全球最大的商船队和世界级航运枢纽。希腊的比雷埃夫斯港、萨洛尼卡港、伊拉克里翁、帕特雷和亚历山大波利等港口是通往黑海、巴尔干、中欧以及北非等地的航运中枢。希腊船队承运了中国50%以上的进口原油及大宗进出口商品,两国在开展航运、造船、港口建设及海员劳务方面合作潜力巨大,空间广阔。

比雷埃夫斯港位于希腊东南部,是希腊最大的港口,也是全球50大集装箱港及地中海东部地区最大的集装箱港口之一。就吞吐量而言,该港是欧盟的第11大港口。同时,该港也是中国"21世纪海上丝绸之路"通往欧洲的重要港口。比雷埃夫斯港实质上可谓希腊航运业的基地,也是地中海地区最重要的港口之一。该港是距离苏伊士运河最近的西方港口。

2008年国际金融危机爆发,世界经济形势非常低迷,港口经济受到严重影响。希腊于2008年开始港口私有化进程,中国远洋运输集团(COSCO,简称“中远集团”)在比雷埃夫斯港集装箱码头私有化招标中成功中标,获得两个码头35年的特许经营权。随后,中远集团的控股公司中远太平洋在投标中胜出,又获得比雷埃夫斯港两个码头的35年特许经营权。虽然中远集团的高价中标颇受争议,私有化进程也多次受到当地工会组织的罢工抗议,但高企的债务总额及财政赤字及后来爆发的主权债务危机都使希腊在港口私有化问题上别无选择。况且,中远集团管理的四个码头在随后的经营中表现良好,使比雷埃夫斯港的货运吞吐量大幅提升。不过,政府更迭是比雷埃夫斯港口私有化过程中最大的政治风险。2015年初,希腊新当选的左翼政党暂停了比雷埃夫斯港对中国企业的股份出售计划。不过,在之后的高层互访及多次磋商下,2016年3月8日,希腊审计法院批准中远集团竞购比雷埃夫斯港务局(OLP)67%的股权,中远集团是在2015年底报价截止期到来前唯一感兴趣的投标方,第一阶段中远将出资2.805亿欧元获得该港51%的股权,中远将在5年内出资8 800万欧元获取剩余16%的股权。4月8日,中远集团和希腊共和国发展基金正式签署比雷埃夫斯港口管理局股权的转让协议和股东协议;6月30日,希腊议会批准中远集团以3.685亿欧元的价格收购比雷埃夫斯港口管理局67%股权的协议,按照该协议,中远集团将可以管理经营比雷埃夫斯港直至2052年。①

2016年8月10日,中远集团宣布已经完成从比雷埃夫斯港口管理局手中购买多数股份的程序。中远集团下属的中远海运(香港)正式成为比雷埃夫斯港港口管理局的控股股东,接管该港口管理局的经营。新任命的11人管理委员会中有七名中国代表,包括主席和首席执行官。②

---

① 黄齐卒:《中希两国总理见证比雷埃夫斯港股权转让协议确认函的签署》,《中国远洋海运报》,2016年7月8日,第A01版。

② 钟远海:《集团完成比雷埃夫斯港务局多数股权收购》,《中国远洋海运报》,2016年8月12日,第A01版。

希腊总理齐普拉斯虽然在上任前一直反对比雷埃夫斯港口的私有化，但在议会批准该私有化协议后赴中国访问，其间表示，比雷埃夫斯港将升级为一个国际港口，从而成为中国贸易进入欧洲的第一站，也是进入欧洲的大门。美国《华盛顿邮报》曾报道，中国对希腊的投资中最核心的项目是改造位于地中海的比雷埃夫斯港口，把它变成另一个鹿特丹港口。这一项目将为中国企业提供一个现代化的通道，从而连接起遍布欧洲和非洲北部的消费者。中远集团早在2013年2月就将其经营的该港码头正式接入希腊全国铁路系统并与欧洲铁路系统相连，这使该港口变成地中海和东南欧地区的一个主要转运中心，该项目把通过比雷埃夫斯港从亚洲往欧洲运输货物的时间缩短了约一周。有专家指出，要将比雷埃夫斯港变为中国新丝绸之路的欧洲中心，下一步就要加强希腊南部与巴尔干和中欧地区的联系，而这意味着实现铁路网的现代化，进而将比雷埃夫斯港变为连接德国、中欧、印度洋和中国的关键走廊。[①]

但是需要注意的是，欧洲航运发达使得港口工人地位凸显，围绕待遇、工作时间等权益展开的港口工人罢工事件由来已久。早在2003年欧盟就提出过“港口服务私有化”议案，但在欧洲港口工人大罢工的影响下，该议案被欧洲议会否决。2006年欧盟委员会再次提出该提案，也再次引发荷兰、比利时、瑞典、德国、法国、西班牙、希腊等各大港口工人的大罢工运动。据欧洲运输工人联合会表示，该罢工参与人数达四万人，波及12个国家。声势浩大的罢工迫使欧洲议会再次否决私有化议案。2006年11月—2017年4月，为反对港口私有化，比雷埃夫斯港和萨洛尼卡港的港口工人进行了共八周的大规模消极怠工活动。运动期间比雷埃夫斯港集装箱码头的工作效率仅相当于原来的1/5，怠工运动使到港船只无法按时装卸货，船无法按期返航进入下个航期，继而船公司要对整个船期进行调整；同时船舶滞港时间过长，货物滞留，还被迫

① 资料来源：商务部驻希腊经商参赞处。

缴纳滞港费，为船公司造成严重的经济损失。据媒体报道，一艘大的集装箱船如果滞港，每天光交付滞港费就要3.5万欧元。许多贸易商和船公司为了向客户负责，尽快交货，只好将自己的集装箱运往意大利等希腊邻国，然后再重新花钱租赁别的集装箱船安排转运。8周时间的怠工运动为港口造成了1 200万欧元的直接经济损失。同时，在怠工期间，每天排在码头外等候装卸货物的集装箱运输卡车长龙长达10千米。据悉，消极怠工期间，约12万只集装箱未能及时装卸，其中两万辆新购轿车未能及时运达；另有约120艘开往比雷埃夫斯港的集装箱船折返到黑海和地中海的其他港口卸货。[①]港口工人罢工之影响可见一斑，所以中国企业不论是在欧洲港口的经营管理中，还是在海上丝绸之路建设的推进过程中，对港口工人罢工应有充分预判和及时处理。

二、意大利那不勒斯港(Naples)

意大利海岸线绵长，所以除了位于意大利东部、亚德里亚海北岸的威尼斯外，位于意大利西侧、第勒尼安海岸的那不勒斯港也值得关注。海上丝绸之路通过苏伊士运河后，北上绕过西西里岛，进入第勒尼安海，可至那不勒斯港，进而进入意大利腹地。

那不勒斯是意大利南部的第一大城市，那不勒斯省的首府。城市面积117平方千米，人口约为100万，移民较少，属于意大利人口最为稠密的地区之一。那不勒斯都会区是仅次于米兰和罗马的意大利第三大都会区。除了发达的港口经济外，那不勒斯的经济在很大程度上依赖于旅游业、商业、工业和农业。那不勒斯的主要工业有炼油、钢铁、造船、机器、化学、汽车装配、纺织及食品等。那不勒斯省在意大利各省份的排名中比较靠后，而且失业率很高。纺织是那不勒斯的传统职业，那不勒斯生产的西服和礼服主要提供给梵蒂冈以及欧洲王室和贵族。

---

① 资料来源：商务部驻希腊经商参赞处。

那不勒斯港口是意大利的主要海港之一，港口设施完备，装卸能力与效率较高，集装箱堆场面积达 16 万平方米。港口距国际机场约 8 千米，有定期国际航班飞往各地。该港自由贸易区法规规定，储存或再出口的货物免交关税，区内消费或转到国内消费的产品需缴关税，此外，凡国家专营商品在区内储存另有特别规定。该港的主要出口货物除石油制品外，还有煤、水果、钢铁、食品、建材、蔬菜及化工品等，进口货物主要有原油、矿石、谷物、木材、化肥、鱼、钢材及石油产品等。

在欧盟的港口私有化过程中，中远集团也曾计划参与那不勒斯港口的业务，但没有成功。目前，中国重视在那不勒斯的商业活动。2016 年 7 月在那不勒斯召开的中国品牌世界活动，成为双方的重要经济展示平台。该活动推出的中国品牌多达百余个，涉及几十个行业，不仅涵盖劳动密集型的耐用消费品制造业、机械制造业等传统实体产业，而且引入了新兴文化创意产业和互联网电商行业。①

三、罗马尼亚康斯坦察港(Constata)

作为东欧大国，罗马尼亚拥有欧盟的黑海入海口，是"21 世纪海上丝绸之路"沿线的重要国家。海上丝绸之路穿过苏伊士运河后，北向爱琴海，经过达达尼尔海峡和博斯普鲁斯海峡，进入黑海，可与罗马尼亚最大港口康斯坦察衔接进入欧盟。

近年来，罗马尼亚同中国保持稳定的经贸关系。2015 年，双边贸易额约为 45 亿美元，中国超过俄罗斯成为罗马尼亚第 11 大贸易伙伴国和欧盟之外第一大贸易伙伴。罗马尼亚对中国出口的主要产品为肉类产品、乳制品和蛋类产品；中国对罗马尼亚投资的企业主要涉及汽车零部件、纺织服装等行业。对于中国提出的"一带一路"倡议，罗马尼亚给予积极支持，其经济部与中国商务部于 2015 年签署了关于在两国经济联

① 罗娜：《"一带一路"助推中国品牌在意大利开展经贸对接》，《人民日报》，2016 年 7 月 19 日，第 22 版。

委会框架下推进“一带一路”建设的谅解备忘录，罗马尼亚是首批与中国签署类似协议的国家。

目前，双方在“一带一路”倡议下的项目主要集中于核电和港务方面。两国企业有关切尔纳沃德核电站和罗维纳里火电站等能源大项目合作正稳步推进。2015 年 11 月 9 日，中广核罗核公司与罗马尼亚国家核电公司签订了《切尔纳沃德核电 3、4 号机组项目开发、建设、运营及退役谅解备忘录》，包含了机组的投资、融资、建设、运营及退役的寿命期框架协议。2016 年 3 月 31 日，青岛港集团、中国海运欧洲控股有限公司、罗马尼亚康斯坦察国家港务管理局签署了战略合作协议，胶州市政府与罗马尼亚合作方签署了欧亚经贸合作园区战略合作协议。

罗马尼亚对基础设施建设具有大量需求，而中国在铁路、公路建设领域具有优势，双方具有广阔合作空间。2016 年 9 月，罗马尼亚政府批准《2016—2030 年罗马尼亚交通基础设施总体规划》，锡比乌—皮特什蒂(造价约为 16.7 亿欧元，预计 2022 年完成)、科马尼克—布拉索夫等五条高速公路是其确定的优先项目，其他还包括拟建设的高速公路项目(布加勒斯特环城路南段改造项目，将连接至皮特什蒂的 A1 高速公路和连接至康斯坦察的 A2 高速公路的连接路段升级改造为双向 4 车道)、跨多瑙河大桥项目等。整修海岸线南部区域、默古雷莱极端光以及布拉索夫—锡梅里亚铁路现代化改造等项目也在优先项目之列。

康斯坦察港(也被译为康斯坦萨港)历史悠久，最早建于 1909 年，是罗马尼亚最大的港口，同时也是黑海西岸的最大海港。①该港地理位置优越，南至博斯普鲁斯海峡 179 海里，北至多瑙河苏里纳入海口 85 英里，位于泛欧四号、九号和七号(多瑙河)三条通道交汇处，[①]其中七号通道通过莱茵河、美茵河和多瑙河将北海和黑海连为一体，可直接联通中欧和东欧其他国家。康斯坦察港在欧洲多式联运货物通道中拥有独特

① 资料来源：商务部驻罗马尼亚经商参赞处。

而重要的作用，货物可通过多瑙河或公路、铁路等方式运往其他国家，既是西欧发达国家和中东欧新兴市场之间的货物中转站，也是中东欧国家商品运往高加索、中亚和远东地区的重要出海港。②该港的港口设施先进，几乎与欧洲其他地区的主要港口相当，该港总面积 3 926 公顷(其中陆地面积 1 313 公顷)，共有泊位 156 个，码头总长度 29.83 千米，水深在 7—19 米之间，最大可停靠 22 万吨级的散装货船和 16.5 万吨的油轮，年货物处理能力达 1.2 亿吨。[①]就港口设施、水深和码头数量来讲，康斯坦察港适合停靠可通过苏伊士运河的最大船舶。此外，该港北部和南部各有一道防波堤，其中北部防波堤长 8.34 千米，南部防波堤长 5.56 千米。③康斯坦察港同时也是内河港口，其水运具有成本优势。与公路和铁路等运输方式相比，多瑙河河运具有成本低、货运量大等特点，使得罗马尼亚在与欧洲其他国家开展贸易时具有成本优势，比如与摩尔多瓦共和国、保加利亚、塞尔维亚、奥地利、斯洛伐克和德国。为满足未来河运增长的需要，港口管理局已完成对河运船舶码头的修缮工程，大幅改善了河运船只的通航条件，并扩展了相关设施。

东欧政治及欧洲经济的走势都会对康斯坦察港产生显著影响。20 世纪 80 年代，康斯坦察港发展迅速，货物吞吐量大幅上升。但其后的苏联解体及东欧政局动荡使该港的发展停滞甚至倒退。直到 20 世纪 90 年代中叶，该港在罗马尼亚政府交通部的规划下得以再次发展。1998 年，该港的吞吐能力遭遇瓶颈，在获得日本政府海外经济合作基金组织的贷款后实施了基础设施的建设和升级，开发了南港新港，货物吞吐能力得到显著提升。但随着罗马尼亚加入欧盟一体化市场，该港面临着来自其他港口日益严峻的竞争，国际金融危机及欧债危机的冲击也使得该港货运量大幅下降。所以当前中国的海上丝绸之路建设为其进一步发展提供了机遇。目前，在亚得里亚海—多瑙

① 数据来源：驻罗马尼亚经商参赞处。

河—黑海多式联运平台建设等框架下，康斯坦察港正在实施多个新建和扩建项目，包括新建货物作业码头，改善港口和腹地的运输条件等，有关项目主要集中在港口南部区域。中国交通建设集团、中国土木工程公司等企业正在积极跟踪。

四、克罗地亚里耶卡(Rejeka)

地处亚得里亚海东岸的克罗地亚作为最新加入欧盟的成员国，拥有较长的海岸线，临近匈牙利、塞尔维亚和斯洛文尼亚等国，是海上丝绸之路的沿线国家。克罗地亚经济以旅游业为主，实体产业发展不够充分，主要产业有造船业、制药业和木材加工业等。近年来经济发展低迷，失业率较高，加入欧盟后恰逢欧盟也处在经济低迷期，所以克罗地亚的经济前景并不乐观。

中国与克罗地亚在贸易和投资上拥有良好的合作基础。近年来，除了个别年份外，双方的贸易额在稳步增长。目前，中国从克罗地亚进口的主要商品类别有锯木板材、建筑用石材、牛皮及皮革制品等；中国对克罗地亚出口商品的主要类别有机电产品、纺织品、服装及鞋类等。克罗地亚与中国的合作得益于近年推动的“16＋1”机制，但双方在经贸方面的联系还比较有限。

一方面，克罗地亚缺乏有竞争优势的产业，且双方的贸易总量在中国的总体对外贸易额中所占份额很低；另一方面，克罗地亚长期将注意力聚焦在欧盟，对中国提出的“一带一路”倡议开始不够重视。但在看到希腊与中国的港口合作及其带动的基础设施建设后，克罗地亚也积极向中国抛出橄榄枝。事实上，克罗地亚海岸线较长，拥有诸多港口，与海上丝绸之路建设方面确有合作空间。况且，克罗地亚的基础设施建设存在需求，如里耶卡港到首都萨格勒布的铁路就很需要得到升级并增加运力。

里耶卡是克罗地亚第三大城市，面积 44 万平方千米，人口约为 14

万人。作为克罗地亚最大的海港，里耶卡港是奥匈帝国在第一次世界大战期间紧急修建起来的，大约建成于1918年。里耶卡港位于克罗地亚西北部，外有克尔克岛、茨雷斯岛等阻挡风浪，靠近威尼斯港、巴里港和都拉斯港。港口由里耶卡、苏萨克、巴尔卡等港区组成：里耶卡为主港区，紧靠城市，码头主要为杂货船服务；苏萨克港区在主港长防波堤东头之外，主要供吃水较浅的木材船等停靠；巴卡尔港区在主港之东10千米处，可停靠15万吨级矿石船。全港共有40多个泊位，年吞吐量6 500万吨以上，大部分是矿石、煤、粮食、石油等散货，该港的集装箱年吞吐量为6万标准箱(TEU)。

同时，里耶卡也是克罗地亚乃至中东欧的重要交通枢纽。里耶卡的铁路网与克罗地亚全国相连，并且是欧洲国际铁路网的重要组成部分。克罗地亚正在致力于欧盟的波罗的海—亚得里亚海通道建设，该通道目前主要指波兰的什切青港口和克罗地亚里耶卡港口之间天然气管道线的联通，对欧盟的能源供应意义重大。[①]同时，该通道还包括公路、铁路乃至电信方面的联通。目前，里耶卡至布达佩斯之间的高速公路已经通车，通往匈牙利边境博多沃的铁路也已建成。里耶卡也有火车直达维也纳、萨尔茨堡和慕尼黑。此外，里耶卡还有自己的飞机场。2015年底，波兰奥特物流集团以8 000万库纳的价格收购了里耶卡港200万股股票，占其总资产的17.5%。[②]港口吞吐能力固然是波兰投资的重要原因，但波兰一直计划建设什切青至里耶卡的公路与铁路线，以形成连接波罗的海到亚得里亚海的直线通道。2016年7月，在欧洲联通基金(CEF)批准的11个克罗地亚重点项目[③]中，与里耶卡港相关的就有三个，包括"萨格勒布海岸"码头升级改造工程、在萨格勒布和里耶卡建设铁路和公路运输信息交流系统及里耶卡港现有散货码头拉沙码头的升级改造。可见，里耶卡的发展潜力巨大。

---

①②③　资料来源：商务部驻克罗地亚经商参赞处。

五、比利时安特卫普港(Antwerp)

安特卫普是比利时的第二大城市,面积 140 平方千米,人口约为 50 万人。作为重要的工业化中心,安特卫普拥有造船、机械、汽车、电子、照相器材、有色冶金、炼油、石油化学、纺织、食品加工等重要工业部门;同时,安特卫普是世界最大的钻石加工贸易中心,其加工钻石出口额占出口总额的 6.5%。安特卫普市地处莱茵河三角洲的南翼,有发达的内河网与本国及欧洲的河网连接,还有发达的陆路交通网,有 300 多条公路的定期货运线,每天开出 100 趟铁路列车通往欧洲各大城市。

安特卫普港位于比利时西北部的斯海尔德河畔,是比利时最大的港口,按吞吐量规模是欧洲第二大港口,仅次于荷兰的鹿特丹港。安特卫普港具有优越的区位优势,西距入海口约 90 千米,到鹿特丹港 117 海里、汉堡 383 海里、加来港 127 海里、提尔伯里港 177 海里。安特卫普港的入港航道较深,允许 10 万吨级海轮出入。安特卫普优越的港口位置,完善的港口设施,使它在国际贸易中发挥着理想的中转港作用,每年平均有 1 771 艘国际货轮来此停靠,对外连接了 800 多个港口。

安特卫普港辐射地域较广,地处德国汉堡与法国勒阿弗尔区之间,与英国隔海相望,距离首都布鲁塞尔仅 50 千米,离布鲁塞尔国际机场也只有 45 分钟的车程。此外,中东欧新兴市场也是安特卫普的扩展腹地,波罗的海地区以及非洲的贸易运输常常借此中转。[①]从经济上看,安特卫普港地处西欧大西洋沿岸中心,周围聚集了欧洲六成的购买力,是通往欧盟消费市场的理想通道,目前港区附近设立有 700 多家欧洲分拨中心,包括 NIKE、中兴等知名品牌,吸引了超过 300 多家货代公司进驻港口。安特卫普还是世界上最大的钢材港口,以及全球最大的水果转

---

① 李南、任伟、郑祖婷:《“一带一路”战略下安特卫普港与中国的合作与展望》,《港口经济》2015 年第 11 期,第 38—41 页。

运港口。[①]

比利时是中国在欧盟的第六大贸易伙伴，中国也是比利时在欧盟外的第二大贸易伙伴，两国之间具有紧密的贸易联系。然而，安特卫普港在中国的影响力一直低于荷兰鹿特丹港和德国汉堡港，中国的船运和货代公司对前者的关注较少，但实际上从中国到达安特卫普港的海运费用，同到鹿特丹港或汉堡港的费用几乎没有差别，反而安特卫普港的码头操作费比后两者优惠 15％。可见，对于中国企业来说，安特卫普港不论在运输成本上，还是区位优势上都是很好的选择，况且该港同样拥有先进的管理经验和良好的设备配备。同时，安特卫普港也很重视同中国的合作，中远集团在其门户码头参股 20％，中国企业的投资和运营使安特卫普港在中欧贸易中发挥着越来越重要的作用。

在与中国建设的海上丝绸之路的对接方面，安特卫普港于 2015 年 7 月专门成立了“一带一路”工作组，与有关各方共同构建连接中国—东南亚—印度洋沿岸到中东和欧洲的港口网络。除了海运外，安特卫普港在陆上丝绸之路经济带上也能发挥重要作用，因其便捷的铁路和内河运输网络，已开通“渝新欧国际铁路联运大通道”专列。

在上述五个重要港口中，首先，位于希腊的比雷埃夫斯港实际上已经成为“21 世纪海上丝绸之路”的重要支点，无论从地理位置、海港性能还是中方参与度方面都已成为标志性港口。其次，位于意大利东岸的那不勒斯港之所以被提出，是因为它处于地中海西侧，靠近法国的马赛和西班牙的巴塞罗那港，可将其作为中转港。再者，中东欧国家本身就在海上丝绸之路沿线，所以几个沿海国家的港口都值得关注。罗马尼亚的康斯坦察港是黑海沿岸的重要港口，在规模和吞吐量上都不逊色于欧洲其他重要港口。克罗地亚的里耶卡港虽然目前规模不大，吞吐量有限，但从波兰的投资及欧盟的重视可以看出，里耶卡在欧盟规划的重要通道

① 孟文君：《通往欧洲的最佳捷径——安特卫普港》，《中国港口》2010 年第 9 期，第 60—62 页。

上占有重要地位，对其跟踪研究和适时投资确有必要。最后，比利时的安特卫普港吞吐量大，接近最终市场的区位优势明显，可作为陆上丝绸之路与海上丝绸之路共享的节点和交通枢纽。

第四节　在欧盟推进海上丝绸之路建设需要重视的方面

欧盟是中国提出的“21 世纪海上丝绸之路”规划的目的地，对丝绸之路规划的实施进度和效果都具有重要意义。就目前的状况而言，中国在欧盟范围内推进海上丝绸之路建设，需要在以下几个方面予以重视。

第一，抓紧欧盟的低谷期，大力推进海上丝绸之路建设。欧盟目前处在一体化最为低谷的时期，经济低迷、难民涌入、英国脱欧，甚至银行业也岌岌可危。这段时期推进“21 世纪海上丝绸之路”相关项目，从项目审批、相关谈判到投资成本，都会比其繁荣时期更有利于中方。当然并不能排除欧盟经济进一步下探、情势进一步恶化的情形，但是作为发达市场，其对投资者利益的保障显然高于发展中国家。

第二，避免与地中海联盟提出的环境目标冲突，充分利用其基础设施规划。地中海联盟虽由于叙利亚和利比亚战争处于停顿状态，但其提出的目标并未改变。所以，目前“21 世纪海上丝绸之路”在推进之时，一方面要在环境保护方面符合地中海联盟力图减少地中海污染源的目标；另一方面，关注地中海太阳能建设及修建沿海和陆地高速公路的构想，使中方的海上丝绸之路构想可以很好地与之对接。

第三，中东欧地区有许多合作机遇，但不可忽略与欧盟层面的沟通。中国与欧盟双方都有将“一带一路”倡议与“容克计划”相对接的意愿，但中国的优势项目如高铁、核电技术、电网等要想进入西欧市场非常困难，进入中东欧可能性大。“容克计划”由于资金有限，很有可能重点在西欧，中东欧等边缘国家不在其优先之列，这对中国在这些国家推进

“一带一路”倡议是个机遇，但是中国需要对接“容克计划”，在考虑欧盟框架前提下推进“16＋1”机制建设，否则会引起欧盟的反对声音。

第四，在欧洲复兴开发银行外，寻求新的接入路径。总部位于英国的欧洲复兴开发银行本来是可以作为“21 世纪海上丝绸之路”在欧盟的接入口，因双方不论在涵盖范围上，还是项目重点上都有很多共同点。然而英国的意外脱欧使该行对欧盟的作用可能有所减弱，或者该行的总部可能在英国正式脱离欧盟后迁往欧盟其他成员国。那么，中国作为成员加入该行带来的效果可能会打折扣。所以我们得重新定位欧洲复兴开发银行的功能，并且还需要积极探索接入欧盟市场的新路径。

第五，继续大力参与沿线港口的建设，打通相关运输网络。目前，希腊的比雷埃夫斯港口已由中远集团营运，在海上丝绸之路建设中无疑将会发挥重要作用。意大利威尼斯港口是海上丝绸之路的重点之一；而其西岸的那不勒斯则是通往马赛和巴塞罗那的重要港口；罗马尼亚的康斯坦察港是黑海沿岸重要港口；克罗地亚的里耶卡在亚得里亚海将发挥重要作用；比利时的安特卫普港是大西洋沿岸的重要港口。这些港口都会在“21 世纪海上丝绸之路”建设中发挥重要作用。但欧洲港口工人的工会力量及罢工事件需要引起重视。

第六，短暂的分歧不会改变美欧盟友的本质，而欧俄关系的缓和很大程度上取决于美国。“21 世纪海上丝绸之路”建设的推进需要考虑到欧盟与美国和俄罗斯的关系。虽然美国与欧盟近期表现出诸多分歧，但这并不会从根本上改变欧盟与美国的盟友关系，毕竟它们从价值观念、经济形式、政治体制等方面都更为接近。同样地，虽然近期欧盟同俄罗斯的关系有所缓和，但这并不意味着横在双方之间的乌克兰危机已得到解决，欧俄关系的走向在很大程度上还得取决于美国的态度，欧盟的制裁也与美国的制裁同步。因此，在欧洲推进海上丝绸之路建设，还要顾及美国新政府的态度。

后　记

“21世纪海上丝绸之路”是2013年10月习近平总书记访问东盟时提出的构想。“海上丝绸之路”自秦汉时期开通以来，一直是沟通东西方经济文化交流的重要桥梁，而东南亚地区自古就是海上丝绸之路的重要枢纽和组成部分。习近平总书记指出，东南亚地区自古以来就是“海上丝绸之路”的重要枢纽，中国愿同东盟国家加强海上合作，使用好中国政府设立的中国—东盟海上合作基金，发展好海洋合作伙伴关系，共同建设“21世纪海上丝绸之路”。中国愿通过扩大同东盟国家各领域的务实合作，互通有无、优势互补，同东盟国家共享机遇、共迎挑战，实现共同发展、共同繁荣。

在此重要时期，笔者有幸承接了上海国际经济交流中心的定向委托课题《海上丝绸之路与相关区域合作机制研究》，在上海社会科学院世界经济研究所的大力支持下，该课题顺利结项，并经修改后成书。本书针对“21世纪海上丝绸之路”的背景、内容和启示进行了系统研究。在撰写过程中，我们多次组织专家学者对书中涉及的相关内容进行研讨。在此，我们要特别感谢上海社会科学院前院长王战教授、上海社会科学院世界经济研究所所长权衡研究员、上海社会科学院世界经济研究所前所长张幼文研究员、上海社会科学院世界经济研究所金芳研究员等。他们在本书的撰写过程中进行了认真且仔细的指导。

最后，我还想感谢上海社会科学院世界经济研究所对本书出版给予的资助。

2018年是我国对外开放的第四十个年头，我希望本书的相关研究能帮助大家更好地理解“21世纪海上丝绸之路”的区域合作问题，为我国海上丝绸之路建设的全面推进提供研究素材。

姚勤华

丛书后记

“一带一路”建设是中国构建开放型经济的重要组成部分。2017年10月,中共十九大报告提出,要以“一带一路”建设为重点,坚持引进来和走出去并重,遵循共商共建共享原则,加强创新能力开放合作,形成陆海内外联动、东西双向互济的开放格局。

上海社会科学院世界经济研究所成立于1978年,是全国世界经济研究领域最重要的研究机构之一。世界经济研究所以世界经济与国际关系两大学科为主轴,将世界经济研究与国际关系研究、世界经济研究与中国对外开放研究相结合,注重研究的综合性、整体性,提高研究成果的理论性、战略性与对策性。在学科建设的基础理论方面和对外开放的战略研究方面形成了一批被同行广泛认可的较有影响的成果。

适逢中国改革开放40周年之喜,上海社会科学院世界经济研究所专门组织各研究室组建团队进行集体攻关,经过多次讨论,确定本套丛书每一本书的书名、主题与内容,并组织全所科研人员撰写。整套丛书定名为“‘一带一路’建设理论与实践研究丛书”,从金融、贸易、投资、全球治理、大国合作等八个方面对“一带一路”建设的不同领域进行研究和阐述。具体包括:《“一带一路”建设与中国开放型经济新阶段》《“一带一路”建设与沿线自由贸易区发展》《“一带一路”建设与中国企业对外直接投资新方向》《“一带一路”建设与人民币国际化新机遇》《“一带一路”倡议与中国参与全球治理新突破》《“一带一路”倡议与大国合作新发展》《“21世纪海上丝绸之路”建设与中国—东盟经贸新合作》《“21世纪海上丝绸之路”与区域合作新机制》。今天,我们为广大读者奉上本套丛书,并以此献礼上海社会科学院世界经济研究所建所40周年。

本书《“21 世纪海上丝绸之路”与区域合作新机制》是由姚勤华研究员和胡晓鹏研究员等作者共同撰写的，对二十一世纪海上丝绸之路的背景、内容和启示进行了系统研究。在撰写过程中，编写组多次组织专家学者对书中相关内容进行研讨。这里要特别感谢上海社会科学院前院长王战教授、上海社会科学院世界经济研究所所长权衡研究员、上海社会科学院世界经济研究所前所长张幼文研究员、上海社会科学院世界经济研究所金芳研究员等，他们在本书的撰写过程中进行了认真且仔细的指导。研究的成果离不开集体的力量，本书著述的具体分工如下：第一章，胡晓鹏、王世民；第二章，张天桂；第三章，周琢；第四章，姚勤华、谢义俊；第五章，姜云飞。2018 年是我国对外开放的第四十个年头，笔者希望本书的相关研究能帮助大家更好地了解 21 世纪海上丝绸之路，为 21 世纪海上丝绸之路的研究添砖加瓦。全书由姚勤华研究员拟定总体框架和写作思路，并由胡晓鹏研究员负责统稿、删减、补充。

本书编写组

2018 年 3 月

图书在版编目(CIP)数据

"21世纪海上丝绸之路"与区域合作新机制/姚勤华等著.—上海:上海社会科学院出版社,2017

ISBN 978-7-5520-2191-2

Ⅰ.①2… Ⅱ.①姚… Ⅲ.①国际合作-经济合作-研究 Ⅳ.①F114.4

中国版本图书馆CIP数据核字(2017)第300767号

"21世纪海上丝绸之路"与区域合作新机制

著　　者:姚勤华　胡晓鹏　等
责任编辑:王　勤　张　晶
封面设计:陆红强
出版发行:上海社会科学院出版社
上海顺昌路622号　邮编200025
电话总机021-63315900　销售热线021-53063735
http://www.sassp.org.cn　E-mail:sassp@sass.org.cn
照　　排:南京理工出版信息技术有限公司
印　　刷:上海景条印刷有限公司
开　　本:710×1010毫米　1/16开
印　　张:12.5
插　　页:1
字　　数:157千字
版　　次:2018年6月第1版　2018年6月第1次印刷

ISBN 978-7-5520-2191-2/F·496　定价:79.80元